KiWi 249

Über das Buch
»Weibern mangelt es an Stärke und Kräften des Leibes und des Verstandes«, stellte Martin Luther fest und steht mit dieser Meinung in der männlichen Prominenz der deutschen Geistesgeschichte nicht allein. Über Jahrhunderte hinweg haben die hervorragendsten Dichter und Denker ihren Scharfsinn darauf verwandt, diese Meinung zu kultivieren. So befindet Immanuel Kant, daß die Frau zwar einen »schönen Verstand« habe, der Mann hingegen einen »tiefen Verstand«, und daß es die Reize der Frau schwächt, wenn sie sich nicht dem »Empfinden«, sondern dem »Vernünfteln« hingibt. Denn der Inhalt ihrer Wissenschaft sei der Mensch und unter den Menschen der Mann. Da wundert es einen nicht, wenn Friedrich Schiller sagt, die Frau sei »zwar ein wirklicher, aber ein wenig gehaltreicher Mensch« und Arthur Schopenhauer doziert, »daß das Weib seiner Natur nach zum Gehorchen bestimmt sei« und »die Schuld des Lebens nicht nur durch Tun, sondern durch Leiden abzutragen habe.« Renate Feyl hat mit dem scharfen Blick der Autorin, die in ihren Büchern den Kampf der Frauen um geistige Unabhängigkeit schildert, einen Zitatenschatz zusammengetragen, der im historischen Spiegel die Machtmechanismen männlichen Denkens zeigt. Das klingt, mit dem Abstand der Zeit, vergnüglich und macht doch nachdenklich, denn Spuren dieses Denkens sind immer noch in Männern und Frauen lebendig.

Die Autorin
Renate Feyl, 1944 in Prag geboren, studierte Philosophie. Lebt als freie Schriftstellerin in Berlin-Ost. Schrieb Romane und Essays.

Weiterer Titel bei k & w
Idylle mit Professor, Roman, 1989.

Renate Feyl

SEIN IST DAS WEIB DENKEN DER MANN

Ansichten und Äußerungen
für und wider
die gelehrten Frauen
gesammelt von Renate Feyl

Kiepenheuer & Witsch

Zuerst erschienen 1984 im Union Verlag
Berlin (Ost)
1991 by Verlag Kiepenheuer & Witsch, Köln
Alle Rechte vorbehalten. Kein Teil des Werkes darf
in irgendeiner Form (durch Fotografie,
Mikrofilm oder ein anderes Verfahren)
ohne schriftliche Genehmigung des Verlages
reproduziert oder unter Verwendung
elektronischer Systeme verarbeitet, vervielfältigt
oder verbreitet werden.
Umschlag Manfred Schulz, Köln
Collagen Ulla Brümmer und Manfred Schulz, Köln
Gesamtherstellung Clausen & Bosse, Leck
ISBN 3 462 02142 7

Es ist kein Rock noch Kleid, das einer Frauen oder Jungfrauen übeler anstehet, als wenn sie klug wil sein.
*Martin Luther * 1483*

Wiewol wenn Weiber wol bered sind, das ist an ihnen nicht zu loben, es stehet ihnen bas an das sie stammeln, und nicht wohl reden können, das zieret sie viel besser.
Martin Luther

Männer haben eine breite Brust und kleine Hüften, darum haben sie auch mehr Verstand, denn die Weiber, welche enge Brüste haben und breite Hüften und Gesäß, daß sie sollen daheim bleiben, im Hause still sitzen, haushalten, Kinder tragen und ziehen.
Martin Luther

Weibern mangelt es an Stärke und Kräften des Leibes und am Verstande.
Martin Luther

Das Weib hat von Gott eben solchen Verstand empfangen, wie der Mann.
*Agrippa von Nettesheim * 1486*

Und wenn es nicht durch die Gewohnheit den Weibern verboten wäre zu studieren, so würden wir zu unserer Zeit derer noch mehr gelehrte Frauen zu sehen bekommen, als unter den gelehrtesten Männern. ...so folgt, daß wenn die Weiber so wie die Männer studieren könnten, so würden sie sich mindestens ebenso berühmt in geist- und weltlichen Schriften machen wie die Männer.
Agrippa von Nettesheim

Den Geist? Als ob es Weiber gäbe, die den liebten! Schöne Gestalt gefällt ihnen und Reichthum!
*Ulrich von Hutten * 1488*

Aber gleichwie die Schönheit durch Anschauen gebührendes Lob erlanget: Also auch soll des Frauenvolks von Natur sehr behender Verstand Vollkommenheit zu erlangen geübet werden: Allermaßen die Göttin des Verstandes, die Göttinnen der Gnaden und Huldschaft, die Göttinnen der Wissenschaft und Künste, ja alle und jede Tugenden in weiblicher Gestalt zu bilden gewöhnlich ist.
*Georg Philipp Harsdörffer * 1607*

Ob nemlich das Weibliche Geschlecht am Verstand dem Männlichen von Natur gleich, auch zu Verrichtung tugendsamer Wercke und Thaten ebenmäßig fähig und geschickt sey: Gott und die Natur macht zwischen uns und ihnen keinen Unterscheid, sondern rüstet sie mit Tugend und Weißheit ja so wohl aus, laut der unbetrieglichen

Erfahrung. Merckwürdig, daß das weise Alterthum nur unbefleckte Jungfern, als die Minervam und Musen, zu Vorsteherinnen, Patroninnen und Regentinnen guter Künste erkieset habe, deutlich hiermit anzudeuten, daß diß Geschlecht zur Wissenschaft und allerley Künsten tüchtig und bequem sei.
Christian Franz Paullini * 1643

Es ist ja wohl eine Ochsen-Stimme, wenn Euripides also heraus plumpet: Ich hasse ein gelahrtes Weib; die mehr weiß, als Weibern zu wissen gebührt, soll mir ja nicht über die Schwelle schreiten. Und wie sagt das ungewaschne Maul Balsacs? Er wolle lieber ein Weib haben, das einen Bart hätte, als ein gelahrtes.
Christian Franz Paullini

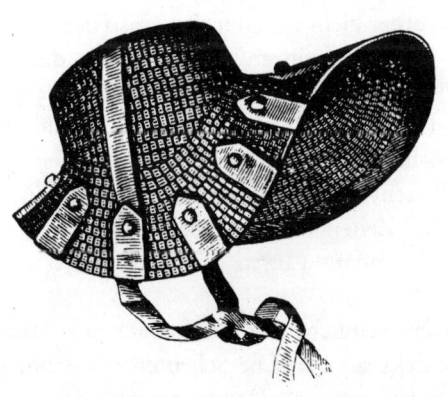

Und ist nicht zu zweiffeln, daß auch der schwache Verstand, welcher ihnen zugemessen wird, die vornehmste Ursache seyn soll, solchen durch das studieren zu verstärken. Ein jeder will gern ein verständiges Weib haben, aber die Mittel des Verstandes will man ihnen nicht zulassen. Wir wollen, daß sie Tugendsam seyn, und doch nicht wissen sollen, was die Tugend eigentlich ist. Der gute Wille und das wohlgearthe Gemüth ist blind ohne Unterricht.
Christian Franz Paullini

... so hat man gemeinet es sey schon gewonnen, und am besten, wenn man den Frauens-Personen die Bücher alle aus den Händen schlüge; denn entweder sie brächten es nicht weit, oder sie mißbraucheten ihre Gelehrsamkeit. Alleine wo geschiehet beydes mehr als unter den Männern, wie viele tausend Sudler hat es, und wie viele gottlose Gemüther giebt es unter denen, so den Nahmen der Gelehrten führen? daher stehe in der festen Meynung, daß das meiste Versehen in der Auferziehung liege und alles was ein Mann löbliches verrichten kan, von Weibes Bildern eben könne vollbracht werden, wenn sie nur recht und bey Zeiten darzu angehalten werden.
*Johann Caspar Eberti * um 1650*

Ob das weibliche Geschlecht auch zum Studiren geschickt sey? ... Die Schriften der Schurmanninn, Scudery und Dacier, vieler andern zu geschweigen, sind in den Händen aller Gelehrten.
*Johann Christoph Gottsched * 1700*

Ich gestehe Ihnen, ich war oft empört bei dem Gedanken, wie gering man in Europa diese Hälfte des Menschengeschlechts schätzt. Das geht so weit, daß man alles vernachlässigt, was ihren Verstand ausbilden kann. Es gibt so viele Frauen, die den Männern nicht nachstehen! ... Männlichere, kraftvollere Erziehung würde dem weiblichen Geschlecht das Übergewicht über das unsre verleihen; denn es besitzt schon die Reize der Schönheit. Aber sind die Reize des Geistes ihnen nicht vorzuziehen?
*Friedrich II., König von Preußen * 1712*

Die Empfindungen der Frauenzimmer sind zarter und lebhafter, als die unsrigen. Sie werden von tausend kleinen Umständen gerührt, die bey uns keinen Eindruck machen. Sie werden nicht allein öfter, sondern auch leichter gerührt, als wir. Eine Vorstellung macht bey ihnen geschwind der andern Platz, daher halten sie sich selten bey einem guten Gedanken zu lange auf: wir fühlen ihn stärker, und darum gehen wir oft zu lange mit ihm um. Ihre Gedanken selbst sind, wie ihre Eindrücke, leicht; sie sind ein scharfes, aber kein tiefes Gepräge.
*Christian Fürchtegott Gellert * 1715*

Was die Mädgen betrifft, o ich möchte keines heiraten, das lesen und schreiben kann.
*Justus Möser * 1720*

Wo unsre Töchter französisch und englisch plaudern sollen, ohne die geringste Theorie oder Praxis von der Haushaltung zu haben: da ist dieser Luxus der Seelen nichts als ein prächtiges Elend.
Justus Möser

Ja, der Himmel erbarme sich des Mädgens, das sich aus Büchern und philosophischen Gründen beruhigen soll.
Justus Möser

Es ist auch für ein junges Mädchen nicht gut, gar zu sehr in dem Rufe der Weisheit und Tugend zu stehen. Die Welt glaubt doch, sie spiele nur eine Rolle, und das Rollenspielen, wenn es zu früh geschieht, erweckt Nachdenken.
Justus Möser

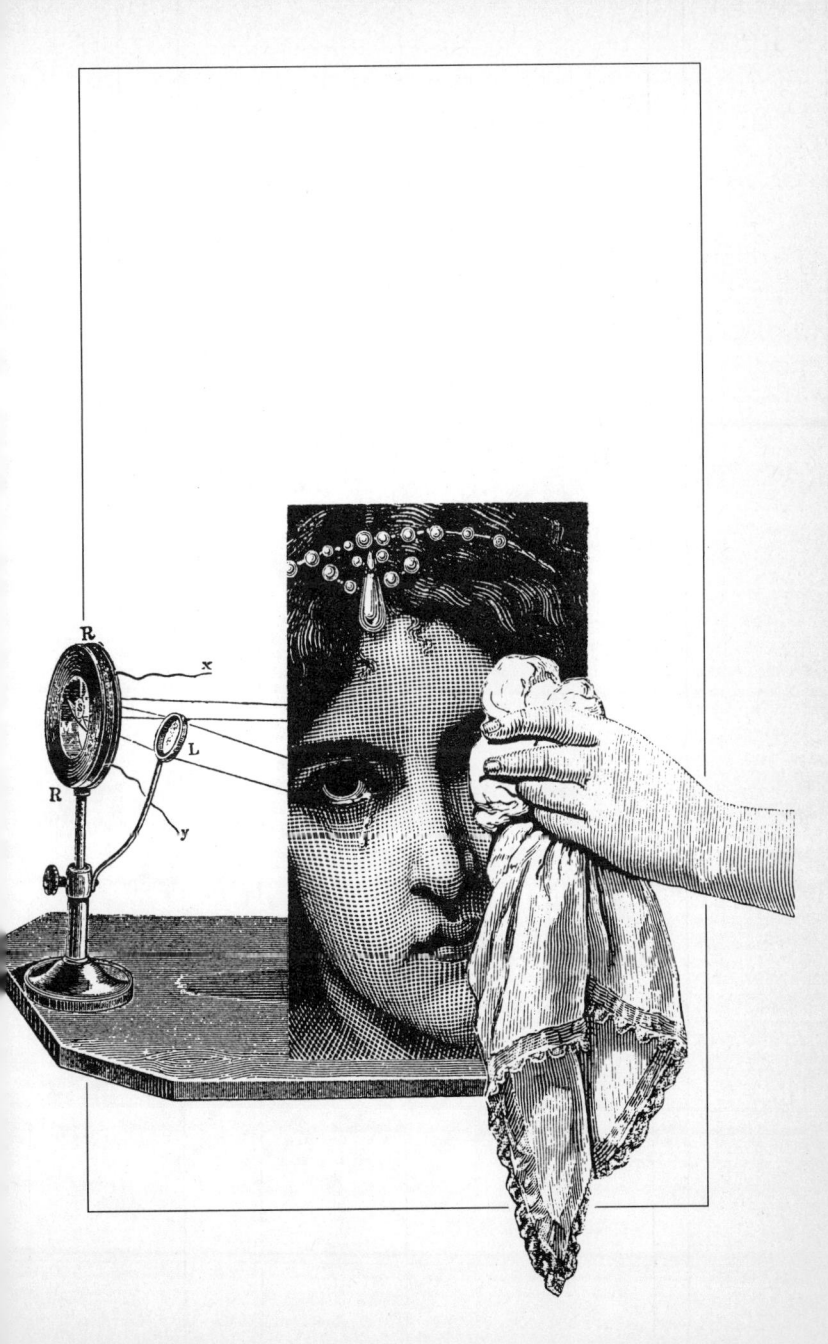

Das schöne Geschlecht hat eben so wohl Verstand als das männliche, nur es ist ein schöner Verstand, der unsrige soll ein tiefer Verstand sein…
*Immanuel Kant * 1724*

Mühsames Lernen oder peinliches Grübeln, wenn es gleich ein Frauenzimmer darin hoch bringen sollte, vertilgen die Vorzüge, die ihrem Geschlechte eigenthümlich sind, und können dieselbe wohl um der Seltenheit willen zum Gegenstande einer kalten Bewunderung machen, aber sie werden zugleich die Reize schwächen, wodurch sie ihre große Gewalt über das andere Geschlecht ausüben.
Immanuel Kant

»Gelehrte« Frauen brauchen ihre Bücher etwa so wie ihre Uhr, bloß um sie zu tragen, damit sie gesehen werde, obschon sie meist stille steht oder doch nicht nach der Sonne richtig gestellt ist.
Immanuel Kant

Der Inhalt der großen Wissenschaft des Frauenzimmers ist vielmehr der Mensch und unter den Menschen der Mann. Ihre Weltweisheit ist nicht Vernünfteln, sondern Empfinden.
Immanuel Kant

Ein Frauenzimmer, das den Kopf voll Griechisch hat, wie die Frau Dacier, oder über die Mechanik gründliche Streitigkeiten führt, wie die Marquisin von Châtelet, mag nur immerhin noch einen Bart dazu haben; denn dieser würde vielleicht die Miene des Tiefsinns noch kenntlicher ausdrükken, um welchen sie sich bewerben.
Immanuel Kant

Es ist längst aus Beispielen und Thatsachen offenbar, daß sie nicht nur alles, was die scharfsinnigsten Männer in den höhern Wissenschaften erfunden haben, zu verstehen und sich eigen zu machen fähig sind: sondern daß sie in Werken des Geistes, zumal wo es auf Imagination, Zartheit des Gefühls, Schönheit der Gesinnung und Feinheit des Geschmackes ankommt, Stufen erstiegen haben, die uns kaum erreichbar sind.
*Christoph Martin Wieland * 1733*

So der Himmel will, ist es auch unter den verständigen Männern keine Frage mehr: ob nicht, so wie wir selbst an Cultur zunehmen, auch das Geschlecht, welches Natur und bürgerliche Verfassung in die zartesten und engsten Verhältnisse mit uns gesetzt, zu Gehülfinnen unsers Lebens, zu Müttern und Erzieherinnen unsrer Kinder, zu unsern Freundinnen, Rathgeberinnen und Gesellschafterinnen bestimmt hat, kurz, das Geschlecht, dessen liebenswürdige Eigenschaften und Tugenden zum Glücke unsers Lebens und zum gemeinen Wohlstande der bürgerlichen Gesellschaft gleich wesentlich und unentbehrlich sind – verhältnismäßig auch gleichen Schritt mit

uns halten, und (so weit als es der Umfang und die Gränzen ihrer allgemeinen und besondern Bestimmung zulassen) auch durch Aufklärung ihres Verstandes, Erweiterung ihrer Kenntnisse und Veredlung ihrer Gesinnungen aus dem schmählichen Zustande von Unterdrückung und Sklaverei, worin sie unter den Barbaren und Halbbarbaren der übrigen Welttheile schmachten, herausgezogen, und in die ganze Würde, die der Hälfte des Menschengeschlechts gebührt, eingesetzt werden müsse.
Christoph Martin Wieland

Genauer läßt sich die Gränzlinie nicht wohl ziehen, welche ... den weiblichen Antheil an den Wissenschaften von dem unsrigen scheiden: oder vielmehr, es gibt im Grunde gar keine solche Linie, über welche einer Frau nicht erlaubt wäre, sich hinaus zu wagen, wenn sie sich von innen dazu berufen fühlt, und von außen durch keine dringenden Pflichten oder andere Hindernisse zurückgezogen wird.
Christoph Martin Wieland

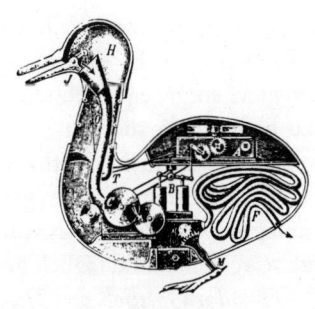

Das weibliche Geschlecht äußert nicht jene hervorragenden Geistesfähigkeiten, heißt bei weitem nicht: die Natur hat ihm die Anlagen dazu versagt, und also – o der unbärtigen Schlußfolge! – steht es eine Stufe niedriger auf der Jakobsleiter der Schöpfung. Sind wir etwa Gott ähnlich, und hat das andere Geschlecht bloß die Ehre, uns von Gottes Gnaden ähnlich zu seyn? Warum nicht gar –! Nicht durch Körper, durch Sinne, durch Einbildungskraft nähern wir uns dem Urgeiste, sondern durch den Geist; und wie? fehlt es den Weibern an Verstand und Willen? an der Fülle des Geistes? Überlegen wir nicht oft durch sie? Würzen sie nicht in unzähligen Fällen mehr mit dem Salze der Erden, ohne das nichts schmackhaft ist, mit Vernunft?
Theodor Gottlieb von Hippel * 1741

Man räume ihnen Kanzeln und Lehrstühle ein, und es wird sich zeigen, ob sie ... nicht ebenso gut unsere Überzeugung zu gewinnen wissen.
Theodor Gottlieb von Hippel

Überall, wo Genieflug und Kunstfleiß der Menschen hinreicht, treffen wir Weibernamen an, die um den Preis ringen. Es sind nicht Weiber, die auf einem ganz entgegen gesetzten Wege ihre Eitelkeit zu befriedigen suchten, weil sie auf dem geschlechtsüblichen nicht fortkamen; sondern solche, die von ihrem Geiste getrieben, jene Kräfte anlegten, welche die Natur ihrem Geschlechte so reichlich und täglich gespendet hat.
Theodor Gottlieb von Hippel

Über eine gelehrte Frau ... lächeln, die in einer Entfernung von ihr stehen.
Theodor Gottlieb von Hippel

Wir haben auch prosaische Beispiele, um außer Zweifel zu setzen, daß, ungeachtet das weibliche Geschlecht (wenn gleich nicht durch ein förmliches Gesetz, so doch durch ein stillschweigendes Übereinkommen, welches oft noch grausamer und drückender ist) von der Stoa, der Akademie und dem Prytaneum entfernt gehalten wurde; ungeachtet man den Weibern die Schulen des Unterrichtes und der Weisheit verschloß, sie dennoch Gelehrte und Weise unter sich aufweisen können, die ihre Namen durch Thaten und Schriften unsterblich gemacht haben.
Theodor Gottlieb von Hippel

Die Natur hat die Frauenzimmer so geschaffen, daß sie nicht nach Prinzipien, sondern nach Empfindung handeln sollen.
*Georg Christoph Lichtenberg * 1742*

Das Frauenzimmer gehört ohne Zweifel nicht in die Hörsäle und Studierzimmer der Gelehrten, wenn es sich bilden will zu seiner Bestimmung, damit es seine Seele verschönere und das Vergnügen des männlichen Geschlechts sei, damit es die Würde der Bürgerinnen und Hausmütter und Ehegatten und Erzieherinnen erreiche, damit es alle die Talente ausbilde, die ihm die Natur gab und die Pflichten fordern, das schöne Geschlecht zu werden.
*Johann Gottfried von Herder * 1744*

... denn alle Sachen, alle Materien, alle Wißenschaften sind nie für die Weiber, und über viele können sie in ihrem Leben nicht anders als schiefe Urtheile fällen ... Für sie bleibt nur das, was bildet, was die Seele Menschlich aufklärt, die Empfindungen Menschlich verfeinert, und sie zur Zierde der Schöpfung, zum Reiz der Menschlichen Natur, zum höchsten Gut der Glückseligkeit eines fühlbaren, würdigen Jünglings, zur immer neuen, immer angenehmen Gattin eines würdigen Mannes, zum Vergnügen einer guten Gesellschaft und zur Erzieherin guter Kinder macht!
Johann Gottfried von Herder

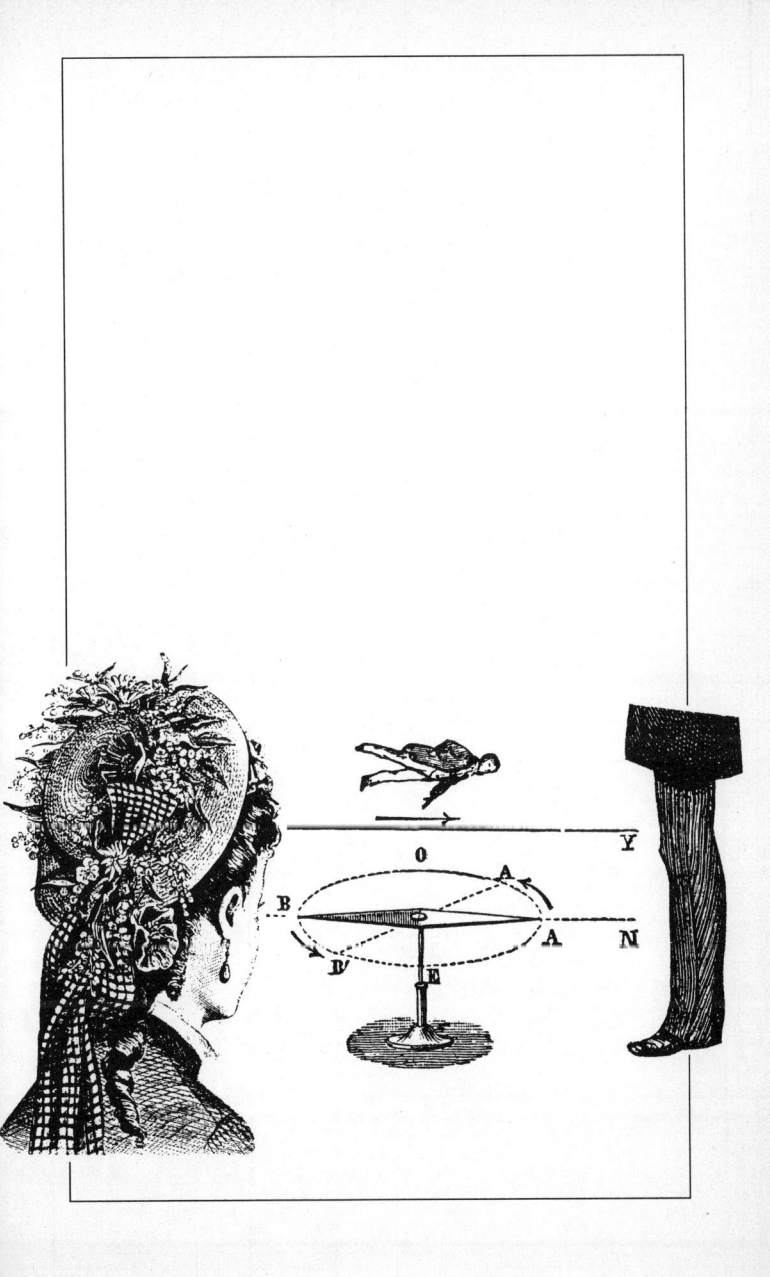

Sie haben Recht, daß ich auf das gelehrte Frauenzimmer vielleicht zu sehr erbittert bin; aber ich kann nicht dafür: es ist Abscheu der Natur. Eigentliche Gelehrsamkeit ist dem Charakter eines Menschen, eines Mannes schon so unnatürlich, daß wir ihr nur aus Noth uns unterziehen müßten, und dabei doch schon immer verlieren; in dem Leben, in der Seele, in dem Munde eines Frauenzimmers aber, die noch die Einzigen wahren Menschlichen Geschöpfe, auf dem Politischen und Exercierplatz unsrer Welt sind, ist diese Unnatur so tausendmal fühlbarer, daß ich immer mehr fürs Arabische Sprüchwort bin »eine Henne, die da krähet, und ein Weib, das gelehrt ist, sind üble Vorboten: man schneide beiden den Hals ab!«
Johann Gottfried von Herder

Daraus aber, daß einzelne Personen des andern Geschlechts von ungewöhnlichen Fähigkeiten, und in ungewöhnlichen Lagen einen freyen Zutritt zu allen Zweigen der menschlichen Erkenntniß haben, daraus folgt im Geringsten nicht, daß die Weiber überhaupt sich gleich den Männern, auf alle Wissenschaften legen können, und sollen ... Es ist leere Sophisterey, ... wenn man aus dem Grunde, daß Weiber eben so wohl eine vernünftige und unsterbliche Seele haben, als die Männer, auf eine vollkommne Gleichheit des Unterrichts und der Erkenntniß dringt, da doch im Ganzen nicht nur die Bestimmungen, sondern auch die Geisteskräfte beider Geschlechter so sehr von einander verschieden sind.
*Christoph Meiners * 1747*

Gelehrte Weiber waren nie schlimmer berüchtigt, als in unsern Zeiten. Einer unserer berühmtesten Schriftsteller, der von jeher die schöne Hälfte des menschlichen Geschlechts eifrig verehrte, und lange Einer der größten Günstlinge desselben war, bat neulich den lieben Herr Gott, daß er unser Europa außer andern Landplagen auch vor gelehrten Weibern bewahren, oder davon befreyen wolle.
Christoph Meiners

Weibliche Gelehrsamkeit wird nur alsdann unnatürlich, und zum gerechten Vorwurf, wenn sie Personen des andern Geschlechts entweder von ihrer Bestimmung ableitet, oder sie wenigstens veranlaßt, daß sie nicht das leisten, was sie als gewissenhafte Gattinnen, Mütter und Hausfrauen leisten sollten.
Christoph Meiners

Was würde aus der menschlichen Gesellschaft, was aus dem Glücke von Familien werden, wenn die Weiber, welche Kinder gebähren, säugen, und erziehen, so wie das innere Hauswesen leiten sollen, wenn diese, Häuser, Kinder und Gesinde verlassen, und mit den Männern entweder Volksversammlungen besuchen, oder in Gerichten und andern Collegien sitzen ... wollten? Die Natur selbst, und nicht die Härte der Männer, hat ihnen die Rechte, Würden, und Arbeiten versagt, von welchen sie unter den Europäischen Völkern von jeher der Regel nach ausgeschlossen waren.
Christoph Meiners

In der That sind gelehrte Weiber in der schlimmen Bedeutung des Wortes so unerträglich, und zugleich so schädlich, daß ihre Thorheiten auf den Theatern aller cultivirten Völker gleichsam einen stehenden Charakter ausmachen, und ohne Unterlaß mit den schärffsten Geisseln der Satire gezüchtigt werden sollten, bis das ganze Gezüchte ausgerottet wäre.
Christoph Meiners

Was die Weiber lieben und hassen, das wollen wir ihnen gelten lassen; wenn sie aber urteilen und meinen, da will's oft wunderlich erscheinen.
*Johann Wolfgang von Goethe * 1749*

Ich tadle es nicht, daß ein Frauenzimmer ihre Schreibart und ihre mündliche Unterredung durch einiges Studium und durch keusch gewählte Lektüre zu verfeinern suche, daß sie sich bemühe, nicht ganz ohne wissenschaftliche Kenntnisse zu sein, aber sie soll kein Handwerk aus der Literatur machen, sie soll nicht in allen Teilen der Gelehrsamkeit umherschweifen. Es erregt wahrlich, wo nicht Ekel, doch Mitleiden, wenn man hört, wie solche Frauen sich erkühnen, über die wichtigsten Gegenstände, die Jahrhunderte hindurch der Gegenstand der mühsamsten Nachforschungen großer Männer gewesen sind, ... am Thee- oder Nachtische in den entscheidendsten Ausdrücken Machtsprüche zu wagen, während sie kaum eine klare Vorstellung von dem Gegenstande haben, von dem die Rede ist.

*Adolph Freiherr von Knigge * 1752*

Dann sieht sie (die gelehrte Frau, R. F.) die wichtigsten Sorgen der Hauswirtschaft, die Erziehung ihrer Kinder und die Achtung unstudierter Mitbürger als Kleinigkeiten an, glaubt sich berechtigt, das Joch der männlichen Herrschaft abzuschütteln, verachtet alle anderen Weiber, macht sich und ihrem Gatten Feinde, träumt ohne Unterlaß sich in ideale Welten hinein, ihre Phantasie lebt in unkeuscher Gemeinschaft mit der gesunden Vernunft, es geht alles verkehrt im Hause, die Speisen kommen kalt oder angebrannt auf den Tisch, es werden Schulden auf Schulden gehäuft, der arme Mann muß mit durchlöcherten Strümpfen einherwandeln. Wenn

er nach häuslichen Freuden sich sehnt, unterhält ihn die gelehrte Frau mit Zeitungsnachrichten oder eilt ihm mit einem Musenalmanach entgegen, in welchem ihre platten Verse stehen, und wirft ihm höhnisch vor, wie wenig der Unwürdige, Gefühllose den Wert des Schatzes erkennt, den er zu seinem Jammer besitzt.
Adolph Freiherr von Knigge

Ich hasse alles, was der Freiheit in den Weg tritt, was einer Knospe, einem Keim verbietet, sich zu entwickeln, Blüten und Früchte zu tragen. Ich sehe nicht ab, warum ein Mädchen nicht lesen, schreiben, reden, denken kann, was und wie sie will, solange sich alles dies mit ihrem Gewissen und ihrem Gefühl reimt.
*Georg Forster * 1754*

Gegen die Frau betrachtet, ist der Mann mehr ein bloß möglicher Mensch, aber ein Mensch in einem höhern Begriff; gegen den Mann gehalten, ist die Frau zwar ein wirklicher, aber ein weniger gehaltreicher Mensch.
*Friedrich von Schiller * 1759*

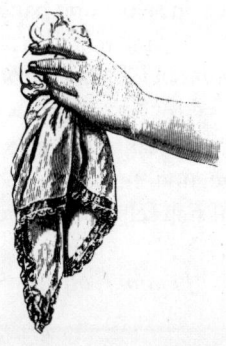

Die Männer richten nach Gründen; des Weibes Urteil ist seine Liebe; wo es nicht liebt, hat schon gerichtet das Weib.
Friedrich von Schiller

Die Frauen sind in der Tat nur geschaffen, um zu fühlen, und selbst da, wo sie gedacht zu haben scheinen, liegt immer ein Gefühl zugrunde; abstrahieren können sie nicht. Darum ergreifen sie mit Hast alles Wolkige, Dunstige, Neblichte, wo sie hineinphantasieren können, was ihnen beliebt.
*August von Kotzebue * 1761*

Die Frauen tragen ihre Beweise im Herzen, die Männer im Kopfe.
August von Kotzebue

Das Versprechen, sich nie zu verheirathen, wäre sonach die ausschließliche Bedingung, unter welcher der Staat einem Weibe ein Amt übertragen könnte. Ein solches Versprechen aber kann keine Frau vernünftigerweise geben, noch kann der Staat vernünftigerweise es von ihr annehmen. Denn sie ist bestimmt zu lieben, und die Liebe kommt ihr von selbst und hängt nicht von ihrem freien Willen ab.
*Johann Gottlieb Fichte * 1762*

Nur auf ihren Mann und ihre Kinder kann eine vernünftige und tugendhafte Frau stolz seyn; nicht auf sich selbst, denn sie vergißt sich in jenen.
Johann Gottlieb Fichte

Der Gelehrte von Profession studiert nicht lediglich für sich, sondern für andere. Entweder, er wird ein Kirchendiener oder Staatsbeamter oder Arzt ... Oder, er wird ein Lehrer künftiger Gelehrten auf Schulen oder Universitäten; so ist sein Zweck, das Erlernte einst wieder mitzutheilen, und durch eigene Erfindungen zu vermehren, damit die Cultur nicht stillestehe. Er muss sonach wissen, wie es gefunden, wie es aus der menschlichen Seele entwickelt wird. Dieses gerade ist es, was die Weiber nicht brauchen können, denn sie wollen weder das erstere, noch das letztere werden.
Johann Gottlieb Fichte

Es läßt sich nicht behaupten, daß das Weib an Geistestalenten unter dem Manne stehe; aber es läßt sich behaupten, daß der Geist beider von Natur einen ganz verschiedenen Charakter habe. Der Mann bringt alles, was in ihm und für ihn ist, auf deutliche Begriffe ... Das Weib hat ein natürliches Unterscheidungsgefühl für das Wahre, Schickliche, Gute ... Man kann sagen, der Mann muß sich erst vernünftig machen; aber das Weib ist schon von Natur vernünftig.
Johann Gottlieb Fichte

Das Weib ist sonach schon durch ihre Weiblichkeit vorzüglich praktisch, keineswegs aber speculativ. In das Innere über die Grenze ihres Gefühls hinaus eindringen, kann sie nicht, und soll sie nicht.
Johann Gottlieb Fichte

Ein Mann hat zwei Ich, eine Frau nur eines, und bedarf des fremden, um ihres zu sehen. Aus diesem weiblichen Mangel an Selbstgesprächen und an Selbstverdoppelung erklären sich die meisten Nach- und Vortheile der weiblichen Natur. Daher können sie, da ihr nahes Echo leicht Resonanz wird und mit dem Urschall verschmilzt, weder poetisch noch philosophisch sich zersetzen, und sich selber setzen; sie sind mehr Poesie und Philosophie als Poeten und Philosophen.
*Jean Paul * 1763*

Keine Frau kann zu gleicher Zeit ihr Kind und die vier Welttheile lieben, aber der Mann kann es. Er liebt den Begriff, das Weib, die Erscheinung, das Einzige ... Die Männer lieben mehr Sachen, z. B. Wahrheiten, Güter, Länder; die Weiber mehr Personen; jene machen sogar leicht Personen zu dem, was sie lieben; so wie was Wissenschaft für einen Mann ist, wieder leicht für eine Frau ein Mann wird, der Wissenschaft hat.
Jean Paul

Denn die Frau ist zur Vesta oder Vestalin des Hauses, nicht zur Ozeanide des Weltmeers bestimmt.
Jean Paul

Überhaupt sind die sogenannten weiblichen Talente zwar Blumenketten, an welche man den Amor legen kann; aber der Hymen, der diese und sogar Fruchtschnüre ab- und durchnützt, wird am besten von der goldenen Erbs-Kette wirthschaftender Anstelligkeit gehalten und gelenkt.
Jean Paul

Weibliche, empfangende oder passive Genies.
Jean Paul

Ob die Weiber soviel Vernunft haben als die Männer, mag ich nicht entscheiden, aber sie haben ganz gewiß nicht soviel Unvernunft.
*Johann Gottfried Seume * 1763*

Der Mann soll durch seine stärkere Vernunft und durch seinen höhern Muth den Muth des Weibes unterstützen; und wenn die Frau in seinen Gründen und seiner festen Entschlossenheit Beruhigung findet, so ist das alles, was man von ihr erwarten kann.
Johann Gottfried Seume

In der Gestalt des Mannes offenbart sich durchaus eine strengere, in der Gestalt des Weibes eine liberalere Herkunft des Geistes; dort spricht der Wille lauter, hier die Natur.
Wilhelm von Humboldt * 1767

Wie bei den Männern der Geist, so ist bei den Frauen die Gesinnung am meisten rege und thätig.
Wilhelm von Humboldt

Alles Männliche zeigt mehr Selbstthätigkeit, alles Weibliche mehr leidende Empfänglichkeit.
Wilhelm von Humboldt

Bei jeder Production des Genies muß die Selbstthätigkeit die Empfänglichkeit überwiegen. Es ist sonst keine Bearbeitung des Stoffes möglich, und daher leite ich es ab, daß der eigentliche weibliche Charakter, so sehr er auch vorzugsweise Genialität besitzt, doch schlechterdings seiner Natur nach das ächte productive Genie ausschließt.
Wilhelm von Humboldt

Überhaupt muß die Weiblichkeit schon eine gewisse Läuterung erfahren haben, ehe wissenschaftliche oder dichterische Productionskraft möglich wird. Ohne diese fehlt es ihr, selbst in den vorzüglichsten Subjecten, an der hinlänglichen Klarheit und Ruhe, und noch mehr an der Kraft, und selbst an der Neigung eine Reihe einzelner Gedanken oder Empfindungen von der ganzen Masse abzusondern, und für sich zu bearbeiten.
Wilhelm von Humboldt

Lieber ein einfaches, natürliches, nur halbschönes Landmädchen, als einen Engel, der Magister der sieben freien Künste werden könnte.
Karl Julius Weber * 1767

Gelehrtinnen sind Knaben mit Scheermessern in der Hand; sie sind eitler als männliche Schriftsteller, weil sie als einzelne Gestirne unter dem Heer ungelehrter Schwestern zu glänzen und die Männer vom weiblichen Geiste zu überzeugen glauben; daher sind sie absprechender, vorlauter und hochhinaus, wie Madame Staël. Die Koketterie der Liebe und Eitelkeit vergeht mit den Jahren, die Schreib- und Verstandes- oder Bücherkoketterie wächst. Die meisten Weiberprodukte und gelehrten Eier sind Windeier oder Nachdruck.
Karl Julius Weber

Gelehrte Weiber sind ein so großes Hauskreuz als hysterische Weiber; eine gelehrte, eine empfindsame, eine galante Dame … und dann eine Betschwester sind vier Hauptplagen, mit denen Moses die Egypter zu schlagen vergessen hat. Jede einzelne reicht hin, den vernünftigsten Mann zum Narren, und den glücklichsten zum unglücklichsten Geschöpfe der Erde zu machen.
Karl Julius Weber

Die Einweihung des Mannes und seine Tüchtigkeit in Wissenschaft oder Kunst oder bürgerlichem Leben erscheint so viel größer als die Gegenstände, worin die Frau ihr Talent entwickeln kann, daß es scheint, als müsse sie, wo der Mann recht tüchtig ist, sich immer untergeordnet fühlen, und wenn die Frau an Geist und Charakterstärke über den Mann hervorragt, so gibt es gewiß immer ein schlechtes Verhältnis.
Friedrich Schleiermacher * 1768

Laß dich gelüsten nach der Männer Bildung, Kunst, Weisheit und Ehre.
Friedrich Schleiermacher

Das Weib hat viel Verstand, der Mann hat ihn auch; aber es sind zweierlei Arten. Das Spiel mit Begriffen, den Schritt in bestimmten Formen, die selbstgesetzte Regel, worin der Mann sich oft bewußt einhergeht, hat und versteht das Weib nicht. Des Weibes Verstand ist gleichsam etwas Zusammengesetztes aus zwei Dritteln Verstand und einem Drittel Vernunft. Wie geschwind und klar sie das Einzelne faßt und anschaut, so unmittelbar und allgemein spricht sie es aus, alle Glieder überspringend, durch welche der Mann langsamer zum Schluß geht.
*Ernst Moritz Arndt * 1769*

Wenn man nun aber auch den Mädchen allerlei lehren will, was gewöhnlich so gelernt werden kann, so vergesse man nie, daß alle Huld des Weibes vergeht, so wie sie von Gedanken gefangen wird; man halte also, wie sehr auch alles Lernen heiliger Ernst seyn muß, alles Peinliche und Mühevolle von diesen zarteren Wesen und bleibe mit ihnen auf dem schönen Gebiete zwischen dem leichten Kinderspiel und der lichten Klarheit der Jugend.
Ernst Moritz Arndt

Des Mannes Verstand greift immer ein bis in das tiefste Herz und Leben, wenigstens so tief, bis er die Vernunft findet, die ihn da ablöst, wo er nicht weiter kann. Das Weib führt die Dinge, die sie mit Leichtigkeit ergreift, mit erstaunlicher Fertigkeit bis an einen gewissen Punkt, wo sie sie noch einmal in ihrer vollen Klarheit zeigt und dann einzeln verschweben läßt, man weiß nicht,

wohin. Darum kann man von ihr nicht mehr sagen, als daß sie eine Art Urtheil, eine Art Begriff, eine Art Gedanken hat, die sich nicht weiter beschreiben läßt, als daß man sagt, es ist die weibliche Art.
Ernst Moritz Arndt

Frauen können wohl gebildet sein, aber für die höheren Wissenschaften, die Philosophie und für gewisse Produktionen der Kunst, die ein Allgemeines fordern, sind sie nicht gemacht. Frauen können Einfälle, Geschmack, Zierlichkeit haben, aber das Ideale haben sie nicht.
*Georg Wilhelm Friedrich Hegel * 1770*

Die Bildung der Frauen geschieht, man weiß nicht wie, gleichsam durch die Atmosphäre der Vorstellung, mehr durch das Leben als durch das Erwerben von Kenntnissen, während der Mann seine Stellung nur durch die Errungenschaft des Gedankens und durch viele technische Bemühungen erlangt.
Georg Wilhelm Friedrich Hegel

Im Manne ist Vernunft, im Weibe Gefühl (beides positiv) das Tonangebende. Die Moralität des Weibes ist im Gefühl – wie die des Mannes in der Vernunft gegründet. (Der Mann darf das Sinnliche in vernünftiger Form, die Frau das Vernünftige in sinnlicher Form begehren.) Das Beiwesen des Mannes ist das Hauptwesen der Frau.
*Novalis * 1772*

Der Mann setzt sich als Objekt – das Weib sich als Subjekt. Der Mann muß seine Empfindungen in Begriffe, das Weib ihre Begriffe in Empfindungen verwandeln. Ihn trügt der Begriff, sie die Empfindung nicht.
Novalis

Die Frauen haben durchaus keinen Sinn für die Kunst, wohl aber für die Poesie. Sie haben keine Anlage zur Wissenschaft, wohl aber zur Philosophie. An Spekulation, innerer Anschauung des Unendlichen fehlt's ihnen gar nicht, nur an Abstraktion, die sich weit eher lernen läßt.
*Friedrich von Schlegel * 1772*

Das Weib hat mehr Empfänglichkeit für das Besondere, Kleine, Nahe, leicht zu Umfassende als für das Allgemeine und Fernliegende, mehr für das wirkliche Dasein als für das im Begriffe Existierende. So hat es denn viel Sinn für alles Äußere, für einzelne bestimmte Objekte, besonders für solche, die zugleich das Gefühl interessieren und für die Persönlichkeit, weniger für Begriffe, die den Verstand in Anspruch nehmen.
*Karl Friedrich Burdach * 1776*

Aber die eigentliche Selbstthätigkeit des Geistes ist bei ihm (dem Weib, R. F.) geringer, seine Phantasie ist lebhaft und regsam, aber bloß reproducierend, während die des Mannes stärker, kräftiger und wahrhaft produktiv ist... Nie finden sich im weiblichen Geschlechte Originalität des Geistes oder wahre Genialität, als die eigentlich schöpferische Kraft, welche neue Bahnen sich eröffnet und in die Tiefen der Wissenschaft eindringt. Nirgends hat ein Weib eine große Entdeckung gemacht, auch in den schönen Künsten nirgends etwas Großartiges geschaffen.
Karl Friedrich Burdach

Das Weib... nimmt gleichsam die Wahrheit, wie sie ihm gegeben wird, während der Mann sie schaffen will; es begreift schnell und urteilt richtig, mehr aus Instinkt als aus Überlegung, mehr durch Divination als durch Nachdenken und mit Bewußtsein der Gründe.
Karl Friedrich Burdach

Dagegen mangelt dem Weibe das Talent der Vernunft oder der Tiefsinn, das Vermögen der höchsten Abstraktion, die Kraft, die Dinge in ihrer völligen Allgemeinheit, frei von aller empirischen Besonderheit, sich zu denken, die Anlage zur Metaphysik. Es muß eine anschauliche Wahrheit, eine einfache Gedankenverbindung sein, welche es auffassen soll. Wo die Wahrheit erst durch eine Kombination von Urteilen, durch ein mühsames Verketten von Schlüssen, durch Stützen der Gründe und Festhalten der Folgerungen entdeckt werden soll, ist das Weib nicht an seiner Stelle.
Karl Friedrich Burdach

Alle ächte Aufklärung des Weibes besteht zuletzt darin, vernünftig über die Bestimmung ihres irdischen Lebens nachdenken zu können.
Heinrich von Kleist * 1777

Die Bestimmung des Weibes ist wohl unzweifelhaft und unverkennbar; denn welche andere kann es sein, als diese, Mutter zu werden, und der Erde tugendhafte Menschen zu erziehen?
Heinrich von Kleist

Und doch – den Mann erkennt man an seinem Verstande; aber wenn man das Weib nicht an ihrem Herzen erkennt, woran erkennt man es sonst?
Heinrich von Kleist

Bei einer flüchtigen Betrachtung scheint es zwar Gewinn, wenn das weibliche Geschlecht emancipirt würde, wenn es gleiche sittliche, gleiche politische Rechte mit den Männern erhielte; der Kreis der Menschheit, scheint es, würde dadurch erweitert werden. Aber es ist Täuschung. Selbstständigkeit des Weibes würde nicht allein die Bestimmung des weiblichen, sondern auch die des männlichen Geschlechts vereiteln. Nicht das Weib, nicht der Mann allein drücken die menschliche Natur aus; nur Mann und Frau vereinigt bilden den vollkommenen Menschen. Nur in der Ehe, nur im Familienleben wird der Zweck der Menschheit erreicht.
Ludwig Börne * *1786*

Die Frauen haben zuviel Phantasie und Erregbarkeit, um viel Logik zu haben.
Ludwig Börne

Für unsre Zeit würde es passend seyn, dem taceat mulier in ecclesia ein taceat mulier in theatro hinzuzufügen, oder zu substituiren, und solches mit großen Lettern etwa auf den Theatervorhang zu setzen. – Man kann von den Weibern auch nichts anderes erwarten, wenn man erwägt, daß die eminentesten Köpfe des ganzen Geschlechts es nie zu einer einzigen wirklich großen, ächten und originellen Leistung in den schönen Künsten haben bringen, überhaupt nie irgend ein Werk von bleibendem Werth haben in die Welt setzen können: ... sie stecken überall im Subjektiven.
Arthur Schopenhauer * *1788*

Schon der Anblick der weiblichen Gestalt lehrt, daß das Weib weder zu großen geistigen noch körperlichen Arbeiten bestimmt ist. Es trägt die Schuld des Lebens nicht nur durch Tun, sondern durch Leiden ab, durch die Wehen der Geburt, die Sorgfalt für das Kind, die Unterwürfigkeit unter den Mann, dem es eine geduldige und aufheiternde Gefährtin sein soll.
Arthur Schopenhauer

Denn, wie den Löwen mit Klauen und Gebiß, den Elephanten mit Stoßzähnen, den Eber mit Hauern, den Stier mit Hörnern und die Sepia mit der wassertrübenden Tinte, so hat die Natur das Weib mit Verstellungskraft ausgerüstet, zu seinem Schutz und Wehr, und hat alle die Kraft, die sie dem Manne als körperliche Stärke und Vernunft verlieh, dem Weibe in Gestalt jener Gabe zugewendet.
Arthur Schopenhauer

Die Vernunft nämlich ist es, vermöge derer der Mensch nicht, wie das Thier, bloß in der Gegenwart lebt, sondern Vergangenheit und Zukunft übersieht und bedenkt; woraus dann seine Vorsicht, seine Sorge und häufige Beklommenheit entspringt. Der Vortheile, wie der Nachtheile, die dies bringt, ist das Weib, in Folge seiner schwächern Vernunft, weniger theilhaft: vielmehr ist dasselbe ein geistiger Myops, indem sein intuitiver Verstand in der Nähe scharf sieht, hingegen einen engen Gesichtskreis hat, in welchen das Entfernte nicht fällt.
Arthur Schopenhauer

Daß das Weib, seiner Natur nach, zum Gehorchen bestimmt sei, giebt sich daran zu erkennen, daß eine Jede, welche in die ihr naturwidrige Lage gänzlicher Unabhängigkeit versetzt wird, alsbald sich irgend einem Manne anschließt, von dem sie sich lenken und beherrschen läßt; weil sie eines Herrn bedarf. Ist sie jung, so ist es ein Liebhaber; ist sie alt, ein Beichtvater.
Arthur Schopenhauer

Der Mensch (das Mädchen) muß sich erst in die Verhältnisse des Lebens fügen lernen, ehe es sie begreift.
Adolph Diesterweg * 1790

Junge Frauenzimmer sind jungen Männern von gleichem Alter an Verstand und Einsicht gewöhnlich um mehrere Jahre voraus; aber eines fehlt ihnen, was uns unsere mitunter abgeschmackten methodischen Studien geben: Ordnung in den Gedanken.
Franz Grillparzer * 1791

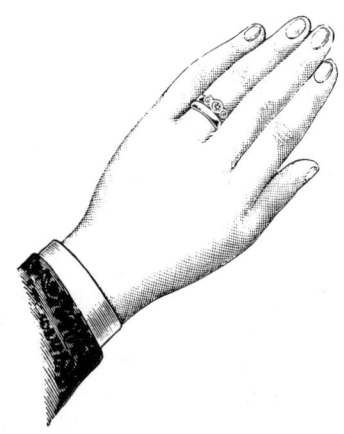

Frauen zeichnen sich aus durch Schönheit und
Anmuth; Männer durch Gesinnungen.
Heinrich Heine * 1797

Sonderbar, sowie das Weib zum denkenden
Selbstbewußtsein kommt, ist ihr erster Gedanke
ein neues Kleid!
Heinrich Heine

Diese encyklopädische Bildung, diese Allbelesenheit, diese Betheiligung an dem Fortschritt
der Naturwissenschaften, der Staatsökonomie,
der Weltzustände, der Kirche und Politik muß
zumal bei Frauen nicht nur das Gedächtnis belasten, sondern den Geist zerstreuen, das Gemüthsleben, die Naivität unmöglich machen, die
Energie des Herzens schwächen, die edelsten
Leidenschaften zersetzen und den Allwißling zu
einem charakter- und machtlosen Instrument des
Massenlebens herabsetzen ...
Bogumil Goltz * 1801

Ein Weib mit dem kritischen Verstande eines
Mannes, ein Weib, dem sich an allen Dingen das
Fragliche, Zweideutige oder Nichtige herausstellt, ist eine Monstrosität.
Bogumil Goltz

Man muß Blaustrümpfe gesehen haben, um zu wissen, ... daß sie schon um deswillen unerträglich sind, weil sie zu viel Selbstgefühl haben, weil sie die Schwächen des Mannes durchblicken und jeder Naivität, jeder geschlechtlichen Illumination unzugänglich sind.
Bogumil Goltz

Der Mann kann reden, was er will; das Wort ist für ein richtiges Frauenzimmer keine geistige Macht. Sie hört nicht auf Gründe, sie gelten ihr als unausstehliche Zumutung, als eine Beeinträchtigung ihres Gefühls und ihrer Herrschaft durch weiblichen Instinkt.
Bogumil Goltz

Ob ich gleich stets die Geschlechtsdifferenz für eine wesentliche, aber nicht nur leibliche, sondern auch geistige gehalten und anerkannt habe, so habe ich doch nie auf eine Inferiorität des weiblichen Geistes geschlossen. Mann und Weib sind nicht nur leiblich, sondern auch geistig unterschieden; aber folgt aus diesem Unterschied Unterordnung, Ausschließung des Weibes von geistigen und allgemeinen, nicht nur häuslichen Beschäftigungen?
Ludwig Feuerbach * 1804

Mad. de Staël ... sagt: »Genie hat kein Geschlecht«. – Warum nicht? Aber auch das weibliche Genie ist Genie, ebensogut wie die weibliche Heldentat Heldentat ist. Bei jeder glänzenden, sei es im Guten, sei es im Bösen hervorragenden Eigenschaft abstrahieren wir von dem

Unterschied des Geschlechts. Die Weiber werden ebensogut wie die Männer geköpft; warum sollen sie nicht auch Bürgerkronen verdienen können, warum sollen ihnen nicht die Mittel gegeben, die Bahnen geöffnet werden, solche zu verdienen?
Ludwig Feuerbach

Sein ist das Weib, Denken der Mann.
Ludwig Feuerbach

Diese Thatsache der bedeutenden Gewichtsdifferenz zwischen dem männlichen und weiblichen Gehirn, zu welcher die andere hinzukommt, daß die minimalen Hirngewichte nur bei Weibern, die maximalen nur bei Männern vorkommen, ist bei ihrer universellen, ausnahmslosen Gültigkeit ... von der größten Bedeutung.
Prof. Dr. Theodor Ludwig Wilhelm von Bischoff
* 1807

Gesetzt, eine Frau besäße so viel Kraft, Sicherheit und Ruhe in ihren Bewegungen, um Zahnoperationen auszuführen, so ist das nicht ohne eine gleichzeitige Rohheit und Gefühllosigkeit zu denken, welche man dem Manne verzeiht, bei ihm nichts anderes erwartet, bei einem Weibe aber den unangenehmsten und widerwärtigsten Eindruck machen muß.
Prof. Dr. Theodor Ludwig Wilhelm von Bischoff

Die Frauen sind nicht zur Pflege der Wissenschaft berufen, darüber kann kein Zweifel mehr herrschen. Jeder der Culturgeschichte nur einigermaßen Kundige weiß, daß diese angebliche Unterdrückung seit dem letzten Jahrtausend bei den Culturvölkern des christlichen Europa's gar nicht vorhanden war. Nicht in äußeren Zuständen, im Wesen des weiblichen Geistes liegt diese Unfähigkeit.
Prof. Dr. Theodor Ludwig Wilhelm von Bischoff

Der wahre Geist der exakten Naturwissenschaften wird dem Weibe stets verschlossen bleiben.
Prof. Dr. Theodor Ludwig Wilhelm von Bischoff

Wären die Weiber im Besitz der größeren Geisteskräfte, so hätten sie die Männer längst noch mehr zu ihren Sklaven gemacht, als dieses schon so in fast allen Gebieten des Lebens offener und versteckter der Fall ist, mit Ausnahme der Wissenschaften.
Prof. Dr. Theodor Ludwig Wilhelm von Bischoff

Weil das Weib nicht Finanzminister sein kann, muß deshalb der Mann sein finanzieller Vormund sein? Weil das Weib nicht Gelehrter und Philosoph sein kann, soll ihm deshalb die Bildung ein verbotenes Feld sein? Weil das Weib, mit einem Wort, nicht Mann sein kann, muß es deshalb weniger Mensch und Bürger sein als der Mann?
Karl Peter Heinzen * 1809

Eine Frau, die Geist und Talent hat, steht unter ihrem Geschlecht einsam. Vergebt ihr, wenn sie sich zu den Männern flüchtet!
Karl Gutzkow * 1811

Welche Wohltat würde es zum Beispiel für die Gesellschaft sein, wenn man es nicht mehr für nötig hielte, jedes junge Mädchen vom Bürgerstande an bis hinauf zur Aristokratie, ob sie Talent habe oder nicht, Klavier lernen zu lassen, um so während mehrerer Stunden des Tages die Ohren und Nerven ihrer Umgebung zu martern, während vielleicht eine andere Fähigkeit, die sie zu einem höchst nützlichen Mitgliede der Gesellschaft gemacht hätte, unausgebildet bleibt ...
Malwida von Meysenburg * 1816

Es dürfte kaum etwas geben, was ein weiblicher Verstand nicht einsehen könnte, aber sehr vieles, wofür die Frauen sich nie interessieren lernen. Sagt man nun häufig, daß des Mannes Erkenntnis das Allgemeine, die des Weibes das Einzelne suche, so wird man in zahlreichen Fällen gerade die Individualisierungskraft der Frauen geringer und

ihr instinktives Feingefühl für das Allgemeine größer finden … Es ist weibliche Art, die Analyse zu hassen und das entstandene Ganze, so wie es abgeschlossen dasteht, in seinem unmittelbaren Werte und seiner Schönheit zu genießen und zu bewundern …
*Rudolf Hermann Lotze * 1817*

Ein philosophisches System in geschlossnem Zusammenhang aus einem Prinzip zu entwickeln und es als Denkmal in der Geschichte des menschlichen Geistes aufzustellen, ist bis jetzt einer Frau so wenig gelungen als ein Epos oder Drama von Bedeutung für die Weltliteratur.
*Prof. Moriz Carriere * 1817*

Die echte Weiblichkeit, die uns nicht allein ›hinanzieht‹, sondern vor allem zur Liebe i. e. zur Heirat bewegt, wird, wenn sie nicht durch jenes anstrengende konkrete Studium ganz zu Grunde geht, doch beschädigt. Dies ist vor allem beim Studium der Medizin der Fall.
Eine Frau, die über die Anatomie der Geschlechtsteile nicht allein des Weibes, sondern auch des Mannes orientiert ist und über das Mysterium des Geschlechtsaktes ohne Erröten sprechen kann, wird den Mann, wenn nicht immer abstoßen, so doch immer kalt lassen.
*Prof. med. Georg Lewin * 1820*

Für das Studium der inneren Medizin und der Geburtshilfe mögen manche Frauen wohl geeignet sein, aber die Chirurgie sollten sie allein den Männern überlassen.
Prof. Dr. med. Friedrich August von Esmarch
* 1823

Gesetzt, wir erhielten von jetzt ab doppelt so viele Gelehrte, Künstler und Dichter, als wir bisher in je einer Generation hatten, eben durch die Beihilfe des weiblichen Geschlechts, und darunter weibliche Leibniz, Rafael und Mozart: so würden wir damit nicht soviel gewonnen haben, als das Menschengeschlecht dadurch verloren hätte – seine weibliche Hälfte. Lauter Bärte und kein Langhaar.
Prof. Dr. Hajim Steinthal * 1823

Denn von Natur sind die Berufssphären der beiden Geschlechter fundamental verschieden. Zwei Umstände allein schon, 1. daß der Mann von der Beiwohnung nur den Genuß hat, das Weib dagegen die schweren Folgen allein zu tragen hat, und 2. daß der Mann durch keinen physischen Drang mit seinem Kinde verbunden ist, während das Weib durch die in seinen Brüsten sich drängende Milch behufs deren Entleerung instinktiv zu dem Kinde hingedrängt wird, stellen ohne weiteres die natürliche Bestimmung des Weibes für die Familie und die Kindespflege fest.
Prof. Dr. Friedrich Albrecht Weber * 1825

Ich bin gegen das akademische Studium der Frauen ... Wir haben ohnehin schon ein großes akademisches Proletariat in den vielen jungen Männern, welche nach Absolvierung ihres Trienniums und der weiter ihnen obliegenden Examina doch noch viele Jahre lang zu warten haben, ehe sich ihnen eine passende Stellung öffnet. Die in Aussicht stehende weibliche Konkurrenz würde nach dieser Richtung hin das Elend nur vergrößern.
Prof. Dr. Friedrich Albrecht Weber

Die dem Weibe innewohnende frische Natürlichkeit wird gebrochen, wenn dasselbe sich in den Jahren der Entwicklung denselben geistigen Strapazen auszusetzen hat, wie unsere männliche Jugend.
Prof. Dr. Friedrich Albrecht Weber

Unsere gebildeten Stände sind ohnehin schon von einem gewissen Marasmus durchzogen; was soll das für ein Geschlecht in der Zukunft werden, wenn erst auch die Mütter von der Blässe des Gedankens angekränkelt, ihre naturwüchsige Frische und Kraft ebenso eingebüßt haben werden, wie dies bei einem Teil der Väter bereits der Fall ist. Eine direkte Degeneration wäre die unausbleibliche Folge davon.
Prof. Dr. Friedrich Albrecht Weber

Das Gebiet der Frau ist meines Erachtens das
Haus, der Haushalt, die Familie, die Erziehung,
die Gesundheitspflege. Das geistige Leben, auch
die geistige Schöpfung, die Arbeit und der Kampf
des Lebens ist das Gebiet des Mannes.
*Prof. Dr. Franz Reuleaux * 1829*

Es muß der Freiheit eine Gasse gemacht, die
Möglichkeit, oder Unmöglichkeit, Frauen zum
akademischen Studium zuzulassen, auf eine
ernsthafte Probe gestellt werden.
*Friedrich Spielhagen * 1829*

Eine gescheite Frau hat Millionen geborener
Feinde: – alle dummen Männer.
*Marie von Ebner-Eschenbach * 1830*

Als eine Frau lesen lernte, trat die Frauenfrage in
die Welt.
Marie von Ebner-Eschenbach

Man fordre nicht Wahrhaftigkeit von den Frauen,
so lange man sie in dem Glauben erzieht, ihr vor-
nehmster Lebenszweck sei – zu gefallen.
Marie von Ebner-Eschenbach

Das Recht zur thätigen Teilnahme am öffentlichen Leben ist unlösbar verquickt mit der Pflicht des Waffendienstes, und solange wir keine Mannweiber und Amazonen züchten wollen, so lange hat die Frau auf dem Markte und der Rednertribüne zu schweigen.
*Dagobert von Gerhardt-Amyntor * 1831*

Ich bin nicht für ein blindes Hinwegräumen aller Studienschranken, für ein Loslassen aller Realschüler und Frauen auf unsere edle und schwierige Wissenschaft.
*Prof. Dr. med. Wilhelm His * 1831*

Wenn es mir noch gestattet ist, ... so möchte ich es aussprechen, daß nach meiner ganzen Lebenserfahrung mir überhaupt nicht der leiseste Zweifel an der vollen Ebenbürtigkeit des weiblichen Intellekts, gegenüber dem männlichen, gerechtfertigt erscheint. Alle ungünstigen Erfahrungen allgemeinerer Art, die in dieser Beziehung vorliegen, halte ich lediglich für die Ergebnisse der bisherigen ungleichen und ungerechten Behandlung der Frauenwelt und ihrer Erziehung. Ich glaube sogar, daß die Frische des Denkens, mit welcher eine große Anzahl von Frauenseelen jetzt in die höheren Stufen des Lernens, Lehrens und Forschens empordringen wird, auch der gesamten Männerwelt nur zur höchsten Förderung gereichen kann.
*Prof. Wilhelm Foerster * 1832*

Es giebt in dieser Hinsicht nichts Thörichteres, als das von dem männlichen Egoismus immer noch beliebte Festhalten an der Behauptung, daß die Ehe die wesentliche Bestimmung der Frau bilde. Hierdurch wurde in die Erziehung und in das ganze Streben des weiblichen Geschlechtes von Anfang an ein Element der Unruhe und der Absichtlichkeit hineingebracht, welches zahllose Seelen verödet und in übermäßige leibliche Abhängigkeit gestürzt hat.
Prof. Wilhelm Foerster

Aber die Schöpfung im großen Maßstab und die Arbeit aus dem Vollen ist dem Weibe noch nie gelungen und wird ihm auch künftig nicht gelingen.
Dr. phil. Adolf Lasson * 1832

Weibliche Ärzte mögen für die Mohammedaner in ihren Frauenhäusern ihre Empfehlung haben: in unseren Verhältnissen bedeuten sie keine Verbesserung, weder des sittlichen Lebens noch der hygienischen Zustände.
Dr. phil. Adolf Lasson

Die Einseitigkeit, die wir fachmäßige wissenschaftliche Bildung nennen, ist der Männer Sache. Banausentum bei den Männern ist schlimm. Aber der schrecklichste der Schrecken ist die Wissenschaftlichkeit der Weiber.
Dr. phil. Adolf Lasson

Die strengere Art deutscher Wissenschaft erschwert weiblichen Mitarbeitern Zugang und Bethätigung. Deutsche Wissenschaft ist Männerwerk.
Dr. phil. Adolf Lasson

Die für junge Männer bestimmten Universitäten auch für Frauen in größerer Zahl zugänglich zu machen, verbietet sich von selbst. Die Räume, die schon jetzt vielfach nicht ausreichend sind, lassen es nicht zu, daß noch eine ganz neue Art von Zuhörern sie benutze; die Folge würde sein, daß die jungen Männer zu Gunsten der Frauen zurücktreten müßten, was kaum jemandem angemessen erscheinen wird. Aber auch davon abgesehen könnte die Anwesenheit einer größeren Anzahl von weiblichen Zuhörern kaum anders als herunterdrückend auf Ton und Inhalt der Vorträge wirken. In philosophischen Dingen hätte man mit dem geringeren logischen Vermögen der Frauen zu rechnen, die auch bei sonst ausreichenden Kenntnissen durch die verhältnismäßige Unfähigkeit zu strenger Abstraktion selbst gehindert sein und andere hindern würden.
Dr. phil. Adolf Lasson

Im allgemeinen freilich wird man wohl den Satz aufstellen dürfen, daß die physischen Kräfte der Frau geringer sind, als die des Mannes, ebenso wie die geistige Begabung der Frau im Durchschnitt geringer ist, als die des Mannes.
*Prof. Dr. med. Ernst von Leyden * 1832*

Beobachte man doch in gegenwärtiger Zeit, kurz vor Ostern, nur die Primaner, wenn sie mit der Sorge um das Examen die Schule verlassen. Welch traurige Gestalten bietet die Mehrzahl derselben: Hohle Augen, Kurzsichtigkeit, Engbrüstigkeit, bleiche Gesichtsfarbe, schlaffe, kraftlose Bewegungen. Alles das bei der größten Zahl der Knaben, welche naturgemäß in diesen Jahren ein Bild der blühendsten Gesundheit bieten sollten. Und wenn nun die gleichen Anforderungen an Mädchen gestellt werden sollten, bei denen mit etwa 15 Jahren die weibliche Geschlechtsentwicklung hinzukommt, so würde man Krüppel erziehen, die für ihr Leben ruiniert sein würden. Nach meiner Meinung sollte die Begründung weiblicher Gymnasien aus Gesundheitsrücksichten ein für allemal verboten werden.
Prof. Dr. phil. et med. Friedrich Stohmann
* 1832

Das Vorhandensein weiblicher Ärzte würde ein Segen sein, wenn wir in orientalischen Ländern lebten, wo keine Frau sich von einem fremden Manne berühren lassen darf. Für solche Frauen, die sich ihr Lebensziel in der Türkei, in Ostindien usw. suchen, mag das medizinische Studium geeignet sein. In ernsten Fällen wird bei uns trotz

des Vorhandenseins des weiblichen Arztes, namentlich bei operativen Fällen, doch die Hilfe des Mannes in Anspruch genommen.
Prof. Dr. phil. et med. Friedrich Stohmann

Die Frau, die nach bestimmten Richtungen hin die gleichen Fähigkeiten hat wie der Mann, ist genau ebenso wie dieser an und für sich berechtigt, diese Fähigkeiten auszubilden und anzuwenden. Das so oft gehörte Argument: es seien schon in allen Gebieten die Angebote männlicher Bewerber zahlreich genug, es bestehe daher kein Bedürfnis auch nach weiblicher Konkurrenz und dergleichen, – dieses Argument erscheint mir lediglich als der Ausdruck eines brutalen Geschlechtsegoismus, der nicht besser als irgend ein Klassenegoismus, der Vorrechte für sich in Anspruch nimmt.
*Prof. Wilhelm Wundt * 1832*

Untersagt man der Frau das Studium auf Grund ihrer ungenügenden Geisteskräfte, so müßte man auch allen mittelmäßig begabten und unbedeutenden Männern (von den Dümmerlingen garnicht zu sprechen) die Universitätspforten verschließen.
*Hedwig Dohm * 1833*

Das Mädchen braucht noch mehr als Energie. Ihr muß eine Originalität des Denkens, ich möchte fast sagen, eine Divination zu Gebote stehen, vermöge welcher sie ihren Beruf für die Wissenschaft vorausahnt, da die oberflächliche Mädchenschulbildung ihr keinen Ausblick in das Land der Wissenschaft eröffnet.
Hedwig Dohm

Mir persönlich erscheinen die Untersuchungen, ob Frauen studiren dürfen oder sollen ebenso müßig, als wollte Jemand fragen: darf der Mensch seine Kräfte entwickeln? soll er seine Beine zum Gehen gebrauchen? u. s. w. Da aber noch immer die Majorität das Recht der Frau an wissenschaftlichem Beruf leugnet, so darf die Minorität nicht müde werden, mit ihrer Überzeugung in die Schranken zu treten, ist es auch für sie absolute Gewißheit, daß dasjenige, was heute noch erkämpft werden muß, in kurzem für eine der trivialsten Wahrheiten gelten wird.
Hedwig Dohm

66 Nicht sie (die Frauen, R. F.) sind für das Studium, sondern das Studium ist für sie unzulänglich. Ihre Fähigkeiten sind nicht etwa zu schwach, sondern im Gegentheil in ihrer natürlichen Unverschultheit zu stark, um die alte Lehrmanier und deren trüben Schlendrian zu ertragen. Das weibliche Geschlecht ist im Bereich der Wissenschaft und der zugehörigen Berufe ein neues Element und muß unwillkürlich verjüngte Gebilde an die Stelle der altersschwachen Gattungen des Gelehrsamkeitsbetriebs bringen.
*Dr. Eugen Dühring * 1833*

Überhaupt wird die Bildungsfähigkeit zu allerlei künstlerischen Leistungen dem Weibe am wenigsten bestritten und der Weg dazu am wenigsten verlegt werden. Es ist aber nöthig, da einzudringen, wo sich die Bollwerke des bisherigen männlichen Monopols am ungefügigsten und die Vorurtheile am verstocktesten erweisen.
Dr. Eugen Dühring

Wenn sie (die Mediziner, R.F.) aber überhaupt die gelegentlichen Strapazen der wirklichen Praxis so hoch veranschlagen, daß sie den Weibern die physische, moralische und geistige Fähigkeit absprechen, den verschiedenen Vorkommnissen gewachsen zu sein, so mögen sie sich doch erinnern, daß sie anderwärts, wo es sich nicht um Concurrenz handelt, die Frauen für Strapazen ganz zurechnungsfähig erachten. Oder sind die Leistungen der weiblichen Krankenpflege im Frieden und im Kriege etwa nicht oft noch angreifender, als die eigentlich ärztlichen Hantirungen, die sich, abgesehen von der Chirurgie, meist auf bloße Anordnungen beschränken und sich von den gröbern Unannehmlichkeiten meist in vornehmer Ferne zu halten wissen? Das Weib, welches dazu ausreicht, die schwersten und gefahrvollsten unter den niedern Krankendiensten zu verrichten, soll seltsamerweise für die feineren eine zu zarte Leibes- und Hirnverfassung haben!
Dr. Eugen Dühring

Vor allem aber kommt es darauf an, daß die Frauenwelt sich so rasch als möglich alle Gedanken geläufig mache, die schon als solche wenigstens die geistige Mündigkeit mitsichbringen. Hier ist nun die Aneignung ernsthaften Wissens und einer wirklich edlen Bildung der Ausgangspunkt für alles Weitere; denn die Ideen werden früher oder später zu einer auch thatsächlich erlösenden Macht.
Dr. Eugen Dühring

Noch niemals hat sich eine Frau eine große wissenschaftliche Aufgabe gestellt; niemals ist ihr die Lösung einer selbst leichten Aufgabe in origineller Weise geglückt.
*Prof. Dr. med. Wilhelm Alex Freund * 1833*

Weibliche Richter und Anwälte können wir nicht brauchen und zum ärztlichen Beruf fehlen ihnen die körperlichen Kräfte wie gewisse Charaktereigenschaften.
*Prof. Dr. jur. Felix Dahn * 1834*

Das Anraten und die Ausführung einer Operation, ebenso wie die Unterlassung derselben – beides kann die schwersten und eventuell unheilvollsten Folgen haben. Der Arzt muß aber die Verantwortung übernehmen. Vielen Frauen, und gerade denen mit echt weiblichem Charakter, wird es sehr schwer werden, im entscheidenden Augenblicke diese Verantwortung auf sich zu nehmen. Der ernste Entschluß erfordert männlich festen Sinn.
*Prof. Dr. med. Robert Olshausen * 1835*

Was ... die praktische Ausübung der Jurisprudenz betrifft, so bleibt für die Frau, so lange ihr nicht die politischen Rechte voll eingeräumt werden, wohl nur die Praxis eines nur beratenden (Gutachten erteilenden) Anwalts möglich; denn sollten die Frauen auch als Anwälte und Richter öffentlich fungieren, so würde es unmöglich sein, ihnen dauernd die politischen Rechte vorzuenthalten. Die volle Einräumung politischer Rechte an die Frauen würde aber im Gesamt-Ergebnisse nur die politischen Kämpfe verschärfen und ... die allgemeine Kultur empfindlich schädigen.
Prof. Dr. jur. Ludwig von Bar *1836*

Ich halte die Frauen zum akademischen Studium und zur Ausübung der durch dieses Studium bedingten Berufszweige, für in körperlicher wie geistiger Beziehung für völlig ungeeignet.
Prof. Dr. med. Ernst von Bergmann *1836*

Prinzipiell also bin ich nicht gegen die Zulassung weiblicher Studenten, ich würde aber nur solche zulassen, die alle Vor Examina mit Nr. 1 absolvirt haben. Das würde dann ein ganz brauchbares Studentenmaterial liefern, indem zu erwarten stände, daß diese Damen durch Fleiß den Vorsprung ausglichen, welchen das männliche Geschlecht durch überlegene geistige Initiative vor ihnen voraus hätte.
Prof. Dr. med. Georg Eduard von Rindfleisch
1836

Rein theoretisch aus der Größe des Gehirns u.s.w. ein Urteil abzugeben, ob überhaupt ein Unterschied in der Begabung der Geschlechter bestehe, halte ich für wissenschaftlich ganz und gar unzulässig... Wenn man aber den Frauen auf Grund der Erfahrungen im täglichen Leben die Befähigung zu wissenschaftlicher Thätigkeit überhaupt, sowie jegliche logische Schärfe u.s.w. absprechen will, so frage ich 1. wieviel Männer besitzen denn diese Eigenschaften und 2. wie würden sich die Verhältnisse gestalten, wenn die Vorbereitung der Mädchen zu wissenschaftlichen Studien seit Jahrhunderten ernstlich versucht worden wäre?
*Prof. Dr. med. Isidor Rosenthal * 1836*

Je mehr wir durch Gemeinerziehung (Coeducation) und Übernahme männlicher Berufe und Lebensführung seitens der Frauen die von der Natur gegebenen Unterschiede zwischen den beiden Geschlechtern verschwinden lassen, desto gleichgültiger werden sie einander werden, desto seltener die Eheschließungen, desto kälter die Ehegemeinschaft. Die Steigerung der Übernahme männlicher Lebensberufe durch das Weib ist, meines Erachtens, ein Zeichen beginnender Überkultur und beginnenden Rückganges eines Volkes.
*Prof. Wilhelm von Waldeyer * 1836*

Möge... alles vermieden werden, was ein ungesundes Eindringen der Frauen in die bisher von Männern wahrgenommenen Lebensberufe fördert.
Prof. Wilhelm von Waldeyer

Frauen lernen anders als die Männer. Frauen erfassen das Gedächtnismäßige leichter und haben eine stärkere Phantasie. Der Mann hingegen denkt strenger und faßt das Ganze ins Auge. Wenn Frauen und Männer zusammen unterwiesen werden, wird der Unterricht leicht dem Bedürfnisse der Frauen angepaßt und verflacht.
Prof. Wilhelm von Waldeyer

Es ist nicht von ungefähr, oder allein durch die natürliche größere Körperkraft und Anstrengungsfähigkeit des Mannes entstanden, daß bei allen Völkern das männliche Geschlecht das führende, gebende, das weibliche das im öffentlichen Leben mehr zurücktretende, empfangende und für die zukünftige Generation sorgende geworden ist. Das liegt in der natürlichen Verschiedenheit der Geschlechter, die nicht nur auf körperlichem, sondern auch auf geistigem Gebiete besteht. Diese Verschiedenheit zu pflegen, muß unser Bestreben sein, nicht, sie zu verwischen.
Prof. Wilhelm von Waldeyer

Findet der Mann bei der Gefährtin jene Herzensbildung, auf die wieder und wieder das schwerste Gewicht gelegt werden muß, und die echt weiblichen Vorzüge des Gemütes und Geistes, ... so wird er in ihr eine Wandergenossin besitzen, die besser für sein wahres Glück und die rechte Erziehung der Kinder zu sorgen versteht, als die allergelehrteste Frau mit vielen Diplomen.
Prof. Dr. phil. Georg Ebers * 1837

Den heiteren Musen zu folgen, steht für unser Gefühl der weiblichen Natur sehr viel besser an, als der gewappneten Minerva.
Prof. Dr. phil. Georg Ebers

Als Lehrling und als – um mich des Goetheschen Wortes zu bedienen – »Gesell, der's kann«, ist das weibliche dem männlichen Geschlechte ebenbürtig. Als »Meister, der's ersann«, steht es jenem dagegen sicherlich nach.
Prof. Dr. phil. Georg Ebers

Blicken wir nun auf den Durchschnitt, d. h. auf die gewaltige Mehrzahl unserer Töchter, so sollen wir fortwährend die natürliche Bestimmung und Begabung des Weibes im Auge behalten und vor allem bestrebt sein, an Leib und Seele gesunde, unbefangene, heitere, anmutige Mädchen, holdselige Bräute, auch dem geistigen Leben des Mannes nahestehende Gattinnen, tüchtige Hausfrauen und liebreiche, ihrem schönen Beruf gewachsene Mütter aus ihnen zu machen.
Prof. Dr. phil. Georg Ebers

Kein Examen ist anspruchsvoller und erstreckt sich auf mehr Gebiete der Wissenschaft als gerade das Abiturientenexamen, und wer Töchter sein eigen nennt, die weder ein unwiderstehlicher Drang, noch die Not des Lebens in das Mädchengymnasium führte, der wahre sie vor einer harten Schulung des Geistes, der hüte sich dann die Jugend zu verderben und stelle sie sicher vor bleichen Wangen, zerrütteten Nerven, getrübtem Frohmut, gehemmter Daseinslust, ja vielleicht sogar vor den Keimen künftiger Leiden und lasse ihnen einen dem Wissen des Weibes angemesseneren Unterricht erteilen.
Prof. Dr. phil. Georg Ebers

Die für das akademische Studium vorbereitete Tochter des Hauses muß für sich selbst so viel leisten, daß sie andern, und auch den allernächsten, wenig oder gar nichts sein kann.
Prof. Dr. phil. Georg Ebers

Nicht die volle freie Praxis des Arztes soll ihnen offen stehen, – aber es soll der Wirkungskreis entschieden umfassender sein, als der einer Krankenpflegerin, Heilgehilfin, Diakonissin. Ich denke mir ein auf gründlicher ärztlicher Vorbildung beruhendes Wirken, welches sich jedoch auf eine gewisse untere Sphäre zu beschränken hätte, – das nicht den Arzt ersetzt, wohl aber denselben wesentlich unterstützt, ergänzt, also etwa annähernd das Verhältnis eines klinischen Famulus zum behandelnden Arzte repräsentiert.
*Prof. Dr. med. Leonard Landois * 1837*

Die Wirkungen des Studiums auf die Gesundheit der jungen Mädchen halte ich für sehr nachteilig, zumal die weiblichen Studierenden thatsächlich weit angestrengter arbeiten als die männlichen, und sie werden dies auch thun müssen, wenn sie Schritt halten wollen.
*Prof. Dr. phil. Wilhelm Lexis * 1837*

Auch ... ist aber zu erwägen, daß die chirurgische Thätigkeit ... sich doch nur schwer mit dem weiblichen Charakter verträgt. Die unvermeidliche Brutalität, welche darin liegt, das Messer in einen lebenden Körper zu stoßen, wirkt beim Manne nicht so verletzend als beim Weibe, wo sie leicht einen abstoßenden Charakter bekommt.
*Prof. Dr. Gustav Fritsch * 1838*

Sie einfach ohne weiteres zu den heutigen Universitäten zuzulassen, halte ich nach wie vor für unzulässig. Solche Zulassungen können nur als Ausnahme bewilligt werden ... Weiter schon jetzt nachzugeben, halte ich für unpraktisch und gefährlich; eine Art Mode würde einreißen, und viele würden den Beruf zum Studium in sich zu fühlen glauben, und unnütz die Universitäten gefährden.
*Prof. Dr. med. Ludimar Hermann * 1838*

Zu Rechtsanwälten und Staatsanwälten sind sie ungeeignet, weil das Reden der Frau in öffentlicher Gerichtssitzung sich mit unseren Sitten und Gewohnheiten schlecht verträgt; die Frau würde dadurch eine Einbuße an ihrer Würde erleiden.
Prof. Dr. jur. Paul Laband * 1838

Zum Richteramt fehlt den Frauen die erforderliche Eigenschaft des Charakters. Sie sind zu weich, haben zu wenig Energie, um das Schwert der Gerechtigkeit zu schwingen und lassen sich zu sehr durch Äußerlichkeiten gefangen nehmen.
Prof. Dr. jur. Paul Laband

Die Frau ist vielen Einflüssen zugänglich, die mit der unbefangenen Beurteilung des Rechtsfalls nichts zu thun haben; sie hat zu viel Gefühl; sie empfindet so zu sagen zu menschlich; sie würde selbst in Civilsachen dem Mitleiden mit einer Partei mehr folgen als dem Gebot der juristischen Logik. Die schönen Augen, das gelockte Haar eines Angeklagten würden vielleicht manchmal schwerer ins Gewicht fallen, als Gesetzesparagraphen und Zeugenaussagen.
Prof. Dr. jur. Paul Laband

Das Weib hat andere natürliche Interessen; es strebt vor allem danach, Gehilfin des Mannes zu werden.
Prof. Dr. med. Louis Thomas * 1838

Die Frau ist physisch den Lasten des gewöhnlichen ärztlichen Berufes nicht gewachsen; sie kann aber recht gut Assistentin in einem Krankenhaus sein oder auch eine bequemere Stadtpraxis versorgen.
Prof. Dr. med. Louis Thomas

Man hat gegen den gemeinsamen Unterricht eingewendet, daß sich unter die weiblichen Studierenden unlautere Elemente einschleichen könnten, welche einen ungünstigen Einfluß im Verkehr auf die Studenten ausüben würden. Dies ist indessen nicht zu fürchten, wenn man bei der Zulassung an die Frauen dieselben Anforderungen stellt wie an die Männer. Im Gegenteil kann der Einfluß gebildeter Damen auf das Benehmen unserer Studenten nur ein vorteilhafter sein.
*Prof. Dr. med. Julius Bernstein * 1839*

Es erscheint uns daher als eine der bedenklichsten Verirrungen der Zeit, die Frau mit Gewalt nach der gleichen Schablone schulen zu wollen, oder sie sogar mit den Männern auf dieselbe Schulbank und in die gleichen Auditorien mit unseren Studenten verweisen zu wollen. Das mag vereinzelt ohne Schaden geschehen und vielleicht in anderen Ländern, aber nicht allgemein und besonders nicht in Deutschland.
*Prof. Dr. phil Johannes Conrad * 1839*

Durch eine Öffnung unserer Universitäten für Frauen mit anderer Bildung liegt eine so große Gefahr vor, das Niveau des Universitätsstudiums herabzudrücken, daß wir uns dagegen entschieden verwahren müssen.
Prof. Dr. phil. Johannes Conrad

Gerade dieser Fleiß aber, welcher die Veranlagung zum Teil ersetzen soll, wird es dann wieder sein, welcher den zu Nervenkrankheiten besonders disponierten Frauen schädlich wird. Dieser, wie die Aufregungen, welche die Examina hervorrufen, und welchen das weibliche Geschlecht viel weniger gewachsen ist als das männliche, wird beim Ende des Studiums die »nervöse Frau« hervorgebracht haben.
*Prof. Dr. med. Emanuel Mendel * 1839*

Indem der Hauptgesichtspunkt für die weibliche Ausbildung immer wird bleiben müssen, daß aus den Mädchen später gute Hausfrauen und tüchtige Erzieherinnen des Nachwuchses werden, kann von einer Umbildung der höheren Töchterschulen in Mädchengymnasien oder dgl. wohl nicht die Rede sein.
*Prof. Dr. med. Hermann Munk * 1839*

Nach meiner Meinung giebt es unter den Frauen ... manche, die zum akademischen Studium wohl befähigt sind. Diesen wird man auf die Dauer das Recht nicht absprechen können, an einer Universität zu studiren, vorausgesetzt, daß sie die gesetzlich geforderten Vorbedingungen, so gut wie jeder Student erfüllt haben.
Prof. Dr. theol. et phil. Otto Pfleiderer * 1839

Die Frau ist dazu bestimmt, um das Gegenwärtige sich zu kümmern; in der Sorge um die kleinen und großen Bedürfnisse des Tages, um das Behagen ihrer Umgebung, zeigt sie die schönste Seite ihrer natürlichen Bestimmung ... Die Wissenschaft sucht Gesetze auf, die zu jeder Zeit gegolten haben und auch in Zukunft noch gelten werden; sie entfremdet denjenigen, der sie zu seiner Lebensaufgabe gemacht hat, dem Interesse am Gegenwärtigen.
Prof. Dr. Ernst von Sallwürk * 1839

Auch der Einwand, die Frauen hätten noch keine Genies hervorgebracht, ist weder stichhaltig, noch beweiskräftig. Genies fallen nicht vom Himmel, sie müssen Gelegenheit zur Ausbildung und Entwicklung haben, und diese hat den Frauen bisher gemangelt, man hat sie Jahrtausende unterdrückt und ihnen Gelegenheit und Möglichkeit zur Ausbildung ihrer geistigen Kräfte genommen oder verkümmert.
*August Bebel * 1840*

Dieselben Gelehrten, die der Frau die höhere Befähigung absprechen, sind geneigt, dies auch gegenüber dem Handwerker und Arbeiter zu tun.
August Bebel

Wenn man also mit einer gewissen Berechtigung aussprechen kann, daß im allgemeinen beim Manne Verstand und logisches Denken, beim Weibe Gefühl und sinnliches Empfinden überwiegen, so ist doch damit keineswegs gesagt, daß gerade letztere Eigenschaften die Frauen für wissenschaftliches Studium, zumal auf medizinischem Gebiete als minder befähigt erscheinen ließen.
*Prof. Dr. med. Albert Eulenburg * 1840*

Und es ist ferner zu besorgen, daß auch die Ausbildung, Kraft und Leistungsfähigkeit des heranwachsenden Weibes für seinen eigentlichen Beruf: Gattin und Mutter zu sein, Kinder zu gebären, zu nähren und zu erziehen – erheblich herabgesetzt werden ... Daß aber schon die Ausbildung für diesen, für die Menschheit wichtig-

sten Beruf des Weibes fast unmöglich gemacht wird, wenn das junge Mädchen seine besten Jugendjahre den akademischen Studien opfert, liegt auf der Hand.
*Prof. Dr. med. Wilhelm Erb * 1840*

Die allgemeine und unbedingte Zulassung der Mädchen zu den Gymnasien und Universitäten halte ich für gefährlich, da sie die Folge haben würde, daß viele Unberufene sich mit herandrängen würden, die der Sache körperlich und geistig nicht gewachsen sind, und daß dadurch das weibliche Geschlecht in noch größerer Anzahl als bisher einen elenden körperlichen Schwächezustand erhalten würde, zum großen Nachteil des menschlichen Geschlechts, besonders seiner künftigen Glieder.
*Prof. Dr. Ritter * 1840*

Die gemischte Universität wird also, um allen ihren Zöglingen gerecht zu werden, zwar nach Möglichkeit ihre bisherige Methode festhalten, zugleich aber sich dem weiblichen Ingenium anpassen müssen. Sie wird unwillkürlich auf eine mittlere Linie hinabgleiten. Es wird etwas Halbes herauskommen. Das schwere Rüstzeug der strengen Wissenschaft wird mehr und mehr aus dem Unterrichte verwiesen, der schöne Schein bevorzugt, die Denkarbeit verflacht werden. Das wäre dann nicht mehr die alte deutsche Universität, nicht mehr die hohe Schule männlicher Geisteskraft, nicht mehr die wehrhafte Kämpferin, die den geistigen Primat unserer Nation erstreiten half.
Prof. Dr. jur. Otto Gierke * *1841*

Also weibliche Rechtsanwälte und Notare? Oder weibliche Richter? Oder weibliche Staatsanwälte? Oder weibliche Verwaltungsbeamte? Mit jedem Schritt vorwärts beträte man hier die abschüssige Bahn, auf der es kein Halt giebt, bis die Austilgung des Unterschiedes der Geschlechter im öffentlichen Recht erreicht ist.
Prof. Dr. jur. Otto Gierke

Das deutsche Volk hat anderes zu thun, als gewagte Versuche mit Frauenstudium anzustellen. Sorgen wir vor allem, daß unsere Männer Männer bleiben! Es war stets ein Zeichen des Verfalles, wenn die Männlichkeit den Männern abhanden kam und ihre Zuflucht zu den Frauen nahm!
Prof. Dr. jur. Otto Gierke

Gewisse Fachstudien, namentlich in Form der Praktika, können gar nicht in unbefangener Weise vor einem gemischten Publikum behandelt werden. Dagegen würde sich auch das Zartgefühl gerade des besten Teils unserer deutschen Studenten auflehnen.
Prof. Dr. med. Victor Birch-Hirschfeld * 1842

Gegenwärtig pflegen die jungen Mädchen erst dann Sehnsucht nach geistiger Ausbildung zu spüren, wenn sie drei bis fünf Ballwinter hinter sich und noch keinen passenden Bewerber gefunden haben; das wissenschaftliche Streben erwächst erst aus dem Überdruß der Vergnügungen.
Dr. phil. Eduard von Hartmann * 1842

Der Frauen höchstes Ziel muß der häusliche Herd, das Familienleben bleiben, soll anders die Weltordnung nicht verschoben werden.
Prof. Dr. med. Franz Riegel * 1843

Wer jemals Gelegenheit gehabt hat, Studentinnen im anatomischen Hörsaal zu beobachten, der wird den Eindruck mit sich genommen haben, daß nichts dem Weibe unweiblicher steht, als das anatomische oder chirurgische Messer.
Prof. Dr. med. Franz Riegel

Gemeinsames Studium schadet weder den Frauen noch den Männern. Ich behaupte außerdem, es schadet auch den wissenschaftlichen Leistungen der Universitäten nicht; wenigstens habe ich nie und nirgend gehört, daß etwa in Zürich oder wo sonst Frauen und Männer gemeinsam studieren, das wissenschaftliche Niveau gesunken sei.
*Dr. med. Franziska Tiburtius * 1843*

Da der Satz: »Die Frau gehört ins Haus«, heute nicht mehr haltbar ist, muß unsere Richtlinie vielmehr werden: Die Frau muß in der Welt zu Hause sein.
*Gustav Gerok * 1844*

Wenn ein Weib gelehrte Neigungen hat, so ist gewöhnlich etwas an ihrer Geschlechtlichkeit nicht in Ordnung.
*Friedrich Nietzsche * 1844*

Nichts ist von Anbeginn an dem Weibe fremder, widriger, feindlicher als Wahrheit – seine große Kunst ist die Lüge, seine höchste Angelegenheit ist der Schein und die Schönheit.
Friedrich Nietzsche

Freilich, es gibt genug blödsinnige Frauen-Freunde und Weibs-Verderber unter den gelehrten Eseln männlichen Geschlechts, die dem Weibe anraten, sich dergestalt zu entweiblichen und alle die Dummheiten nachzumachen, an denen der »Mann« in Europa, die europäische »Mannhaftigkeit« krankt, – welche das Weib bis zur »allgemeinen Bildung«, wohl gar zum Zeitunglesen und Politisieren herunterbringen möchten.
Friedrich Nietzsche

Die geistige Kraft einer Frau wird am besten dadurch bewiesen, daß sie aus Liebe zu einem Manne und dessen Geiste ihren eigenen zum Opfer bringt und daß trotzdem ihr auf dem neuen, ihrer Natur ursprünglich fremden Gebiete, wohin die Sinnesart des Mannes sie drängt, sofort ein zweiter Geist nachwächst.
Friedrich Nietzsche

»Emanzipation des Weibes« – das ist der Instinkthaß des mißratenen, das heißt gebäruntüchtigen Weibes gegen das wohlgeratene, – der Kampf gegen den »Mann« ist immer nur Mittel, Vorwand, Taktik. Sie wollen, indem sie sich hinaufheben, als »Weib an sich«, als »höheres Weib«, als »Idealistin« von Weib, das allgemeine Rang-Niveau des Weibes herunterbringen; kein sichereres Mittel dazu als Gymnasial-Bildung, Hosen und politische Stimmvieh-Rechte.
Friedrich Nietzsche

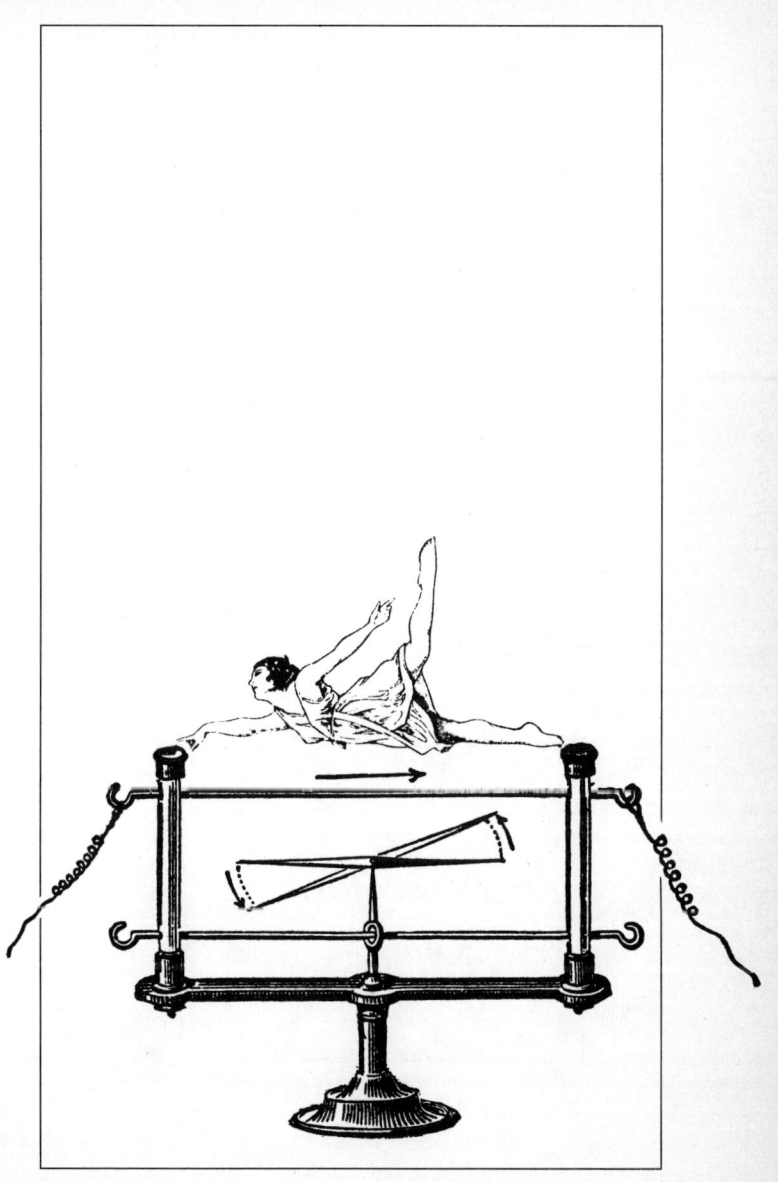

Woher man das Recht ableiten wollte, einer zum Studium befähigten Frau dies Studium unmöglich zu machen, ist mir unerfindlich, doppelt unerfindlich in einer Zeit, in der man zum Bewußtsein gekommen ist, daß große Fragen, wenn man sie zur Lösung bringen will, von der Höhe des Geistes aus angesehen, aber mit praktischen Händen angefaßt werden müssen.
*Ernst von Wildenbruch * 1845*

Jedermann weiß, daß keineswegs alle Männer, also »der Mann«, zum geistigen Beruf, zum akademischen Studium befähigt und damit berechtigt sind – jedermann weiß, daß nur eine bestimmte Anzahl männlicher Individuen sich dazu eignen, während die anderen eben die erforderlichen Fähigkeiten nicht besitzen. Spricht man deshalb »dem Manne« im allgemeinen Fähigkeiten und Recht zum geistigen Berufe ab? Nicht daß ich wüßte ... Warum spricht man immer von »der Frau« statt von den Frauen? Man spricht wohl von »dem Tiere«, »dem Hunde«, »der Katze« – aber haben die Frauen nicht das Recht, daß man sie als menschliche Einzelwesen behandelt?
Ernst von Wildenbruch

Was aber das akademische Studium der Frauen angeht, so ist es fraglich, ob es im Durchschnitt der weiblichen Kraft entspricht, die Gymnasialvorbereitungen und Anstrengungen des akademischen Studiums ohne dauernde Schädigung der Gesundheit durchzuführen. Die zunehmende Nervosität unserer Zeit wird gewiß durch dasselbe nicht abnehmen.
*Prof. Dr. theol. et phil. August Dorner * 1846*

Im allgemeinen scheinen mir die akademischen Bestrebungen der Frauen großenteils ein Produkt unnatürlicher Hyperkultur zu sein, und aus einer abstrakten Verkennung der weiblichen Individualität und ihrer speciellen Begabung hervorzugehen.
Prof. Dr. theol. et phil. August Dorner

Es kann kein Zweifel darüber bestehen, daß schon jetzt die Universitäten in manchen Fächern eine größere Zahl von Zuhörern haben, als für die Bedürfnisse notwendig ist, und daß von allen immer nur ein geringer Teil im späteren Leben diejenige Stellung und Beschäftigung findet, auf die er sich während des Studiums Hoffnung gemacht hat; würde nun noch eine größere Beteiligung von Frauen am Universitäts-Studium stattfinden, so würde den Männern von Universitätsbildung das Fortkommen noch mehr erschwert werden.
*Prof. Dr. phil. Wilhelm Schur * 1846*

Ich selbst habe in Freiburg wie in Berlin Zuhörerinnen gehabt, welche unter den Studenten saßen; dabei war das Benehmen der letzteren, soweit ich sehen konnte, tadellos. Auch kommt in der Physik nichts für Frauen Anstößiges vor. Anders ist es in der Zoologie und Chirurgie. Bei dem Mangel hinreichender Erfahrung würde ich ... Vorsicht anraten.
Prof. Dr. phil. Emil Warburg * 1846

Die meisten gelehrten Frauen gleichen einem Kaufmann, der alle Waren in die Schaufenster aufstellt und den Laden leer hat.
Otto von Leixner * 1847

Ja, ist denn davon ein Segen zu erwarten, daß die Zahl derer vermehrt wird, welche sich auf der Basis akademischer Bildung einen Broterwerb schaffen müssen, einen Erwerb, der durch die schon bestehende Überfüllung aller Berufszweige nur um so schwieriger und durch die alsdann noch erschwerte Konkurrenz nur um so gefahrvoller gestaltet wird?!
Prof. Dr. med. August Martin * 1847

Es soll »Frauen und Mädchen ermöglicht werden, sich von weiblichen Ärzten« behandeln zu lassen. Ich habe von vielen Kranken gehört, daß sie zunächst in demselben Wunsch sich weiblichen Ärzten anvertraut haben, aber, wenn die Krankheit zur Krisis drängte, sind die, von denen ich gehört habe, immer wieder in den Schutz von Ärzten geflohen.
Prof. Dr. med. August Martin

Man denke sich nur die junge Dame im Seziersaal mit Messer und Pincette vor der gänzlich entblößten männlichen Leiche sitzen und Muskeln oder Gefäße und Nerven oder Eingeweide präparieren, man denke sie sich die Leichenöffnung eines Mannes oder einer Frau machen und zur notwendigen Aufklärung der Krankheitserscheinungen die Beckenorgane mit allem, was dazu gehört, untersuchen, man denke sie sich in den Vorlesungen über Hautkrankheiten und Syphilis, bei den Erörterungen der Ursachen zahlreicher Erkrankungen innerer Organe, wobei auf die Beziehungen der beiden Geschlechter zu einander und ähnliche Dinge eingegangen werden muß, man denke sie sich auch nur irgend einer Untersuchung am Lebenden oder an der Leiche, wobei der Körper entblößt ist, beiwohnen, man berücksichtige, daß das alles in Gegenwart der männlichen Studenten vor sich geht, daß die männlichen wie die weiblichen in der ersten Zeit der Mannbarkeit stehen, wo die Erregung der Sinnlichkeit ganz besonders leicht und gefahrvoll ist, – man stelle sich das einmal so recht lebhaft vor und dann sage man, ob man junge weibliche Angehörige der eigenen Familie in solchen Verhältnissen sehen möchte! Ich sage nein und abermals nein!

Prof. Dr. med. Johannes Orth * 1847

Aber wenn, wie es jetzt den Anschein hat, einmal ganze Scharen von inländischen und ausländischen Damen in die Hörsäle einströmen werden, so muß mit der Zeit der wissenschaftliche und soziale Charakter unserer Universitäten Veränderungen erleiden, und das möchte ich so lange und so sehr es irgend möglich ist, zu verhüten suchen.
Prof. Dr. phil. Hans Delbrück * 1848

Sie (die Mädchen, R. F.) ziehen Beispiele den Beweisen vor, Empfindungen den Schlüssen.
Prof. Lic. Dr. Friedrich Kirchner * 1848

Die »natürliche Bestimmung der Frau«, die der Mann aus ihren früheren Entwicklungsepochen konstruiert und als Hemmschuh ihr anhängt, beginnt zum Schlagwort zu werden; der Philosoph Erdmann (Halle) mahnt die Frau an »die simple Wahrheit«, daß es am Ende besser sei, »mit einem Kuß die Welt zu regieren, als mit Dissertationen ihr zu dienen«.
Helene Lange * 1848

Diese verschiedene Richtung ihres Interesses, ihres Gefühlsanteils, nicht ihre Gehirnstruktur an und für sich, bildet in der Tat so etwas wie eine geistige Grenzlinie zwischen den Geschlechtern; sie sichert dem einen hier, dem anderen dort den Vorrang. Nur sind die Grenzlinien der Natur nicht durch feste Pfähle bezeichnet wie die der Menschen ... Ehe Sonja Kowalewsky den Lehrstuhl in Stockholm bestieg, hätte niemand einer Frau solche geniale Veranlagung für Abstraktionen, ehe Pestalozzi in Stanz wirkte, niemand einem Manne solche Mütterlichkeit zugetraut.
Helene Lange

Es dürfte wohl nur Unwissenheit oder Selbsttäuschung leugnen wollen, daß auf dem Gebiet rein theoretischer oder technischer Wissenschaft, was auch die Frau der Zukunft an wichtiger Ergänzungsarbeit darauf leisten möge, den Vorrang als Gattung der Mann behaupten wird. Denn hier liegt die ganze Wucht seiner Anlage und seines Interesses.
Helene Lange

Die Bildung, die Wissenschaft ist keines Geschlechts. Daß sie bisher von den Männern monopolisiert wurde, hat nicht die geringste Beweiskraft. Die geistige Nahrung hat dieselbe Eigentümlichkeit wie die körperliche; sie baut beim Manne den männlichen, beim Weibe den weiblichen Organismus auf.
Helene Lange

Der bekannte Pädagoge Campe will den Mann stark, fest, kühn, ausdauernd, hehr und kraftvoll an Leib und Seele, das Weib dagegen schwach, klein, zart, empfindlich, furchtsam, kleingeistisch. Und der moderne Herr Johannes Müller glaubt im Sinne der Frau das Chamissosche: »Darfst mich niedere Magd nicht kennen, hoher Stern der Herrlichkeit« variieren zu dürfen. Solche Phrasen sind nur darum notdürftig zu begründen, weil jahrhundertelang erzieherische Einwirkungen nach dieser Richtung hin aus der Frau vielfach ein Wesen geschaffen haben, das diesem Magdideal nahekommt. Unser Ideal ist ein anderes: neben dem starken Mann soll die starke Frau stehen, stark durch alle Mittel menschlicher Bildung ...
Helene Lange

Daß der weibliche Arzt unter Umständen Segen stiften kann, welcher dem männlichen versagt ist, beweist der Umstand, daß manche Frauen aus Schamhaftigkeit es vorziehen, ihre Leiden zu verschweigen, ehe sie sich einer Untersuchung durch den Mann unterziehen. So werden anfangs heilbare Leiden zu unheilbaren. Der weibliche Arzt ... hat in solchen Fällen oftmals segenbringend – ja rettend gewirkt.
*Prof. Dr. phil. Victor Meyer * 1848*

Noch bemerke ich, daß im allgemeinen nur solche Frauen, welche wirklich inneren Beruf zum Studium fühlen, sich demselben widmen, während dies bekanntlich bei den Männern nicht immer der Fall ist.
Prof. Dr. phil. Victor Meyer

Der Einwand, daß die Universitäten durch Zulassung weiblicher Personen zum Studium von ihrer wissenschaftlichen Höhe sinken würden, hat kein Gewicht.
*Prof. Dr. theol. et phil. Hermann Strack * 1848*

Meines Erachtens reichen die Körperkräfte der Frau im allgemeinen für ein wirkliches ernstes Studium nicht aus, vielleicht für Philosophie, Theologie, Geschichte, Pädagogik, Mathematik – aber nicht für Naturwissenschaften und am wenigsten für Medizin.
*Prof. Dr. med. Karl von Bardeleben * 1849*

Schon bei dem heutigen weiblichen Unterricht in den höheren Töchterschulen wird zu viel gesessen, meist schief und krumm gesessen – so daß schädliche Einwirkungen auf die Wirbelsäule und den Brustkorb, auch das Becken, ferner auf die Zirkulationsorgane und vor allem die Unterleibsorgane als etwas Alltägliches vorkommen. Wie würde es bei ernstem Studium auf dem Mädchengymnasium und der Universität erst werden! Störend auf das Studium muß dann natürlich wirken die Menstruation mit ihren Begleiterscheinungen, zumal in der Pubertät. Für die Ausübung des Berufs kommt die geringere Kraft des Weibes, das schwächere Skelett, die schwächeren Muskeln, das weniger leistungsfähige Herz und Gefäßsystem noch weit mehr zur Geltung, – dazu die Menstruation, eventuell die Gravidität und das Puerperium, – Klimakterium, Nervosität, Hysterie usw.

Prof. Dr. med. Karl von Bardeleben

Die Eröffnung der Universitäten auch für die Frauen ... ist ein Act sozialer Gerechtigkeit. Da ein großer Procentsatz junger Mädchen, namentlich aus den gebildeten Ständen, wegen mannigfacher Ursachen, die sich nicht abstellen lassen, nicht in die Lage kommt, sich zu verheirathen, und da es ein berechtigter Wunsch Vieler ist, sich in irgend einer Weise eine Existenz selber zu gründen und in nützlicher Thätigkeit eigene Befriedigung zu finden und dem Gemeinwohl zu dienen, wäre es ungerechtfertigt, ihnen höhere Berufe zu verschließen, zu deren Ausübung sie Lust, Kraft und Fähigkeit besitzen.

*Prof. Dr. Oskar Hertwig * 1849*

Ich will ... nur anführen, daß beispielsweise in diesem Semester nicht weniger als sechs Damen an unseren höheren mathematischen Kursen und Übungen teilnahmen und sich dabei fortgesetzt ihren männlichen Konkurrenten in jeder Hinsicht als gleichwertig erwiesen.
*Prof. Dr. phil. Felix Klein * 1849*

Schon von allgemeiner Erwägung aus halte ich es für unsere Aufgabe, dahin zu streben, daß jedes Talent und jeder Genius ohne Rücksicht auf das Geschlecht, seine Förderung und Ausbildung erlange. Das Brachliegen eines großen Teils geistiger Kraft führt meines Erachtens zu einer Einbuße für unsere Kulturwelt.
*Prof. Dr. jur. Joseph Kohler * 1849*

Wir brauchen keine gelehrten und halbgelehrten, sondern geistig und vor allem auch körperlich tüchtige Frauen.
*Prof. Dr. Franz Penzoldt * 1849*

Das Weib ist gebunden an ewige Gesetze. Das beste Weibmaterial hat keinen Drang zur Halbmannhaftigkeit, sondern will Gattin und Mutter sein (siehe Laura Marholm). Man erleichtere die Eheschließung und eröffne den Ehelosen Berufsarten, die ihrer Weibnatur entsprechen: Krankenpflege, Erziehung, Hebamme, vielleicht Apotheke u. s. w.
*Prof. Dr. med. Max Runge * 1849*

Meine Bedenken beziehen sich zunächst auf Schwierigkeiten, die in den Verhältnissen des weiblichen Organismus begründet sind ...: ich meine die Menstruationsverhältnisse, die ja eine so durchgreifende Rolle im Haushalt des Weibes spielen. Ich sehe hier von den äußeren Störungen des Berufslebens gänzlich ab, möchte jedoch den in vielen Fällen auftretenden leichter oder stärker sich geltend machenden psychischen Einwirkungen dieses Prozesses eine nicht zu unterschätzende Bedeutung beilegen ... Denn es wird nicht wohl zu leugnen sein, daß diese der männlichen angenäherte Erziehungs- und Arbeitsweise, diese völlig andere Denkart einen sehr tief gehenden Einfluß auf das gesamte Gemütsleben des jungen Mädchens gewinnen muß – der eigentümlich weibliche, häusliche, hausfrauliche Charakter würde leicht gefährdet werden, es liegt so etwas wie Verzicht auf die Ehe in der Luft ...

Prof. Dr. phil. Heinrich Spitta * 1849

... die Zulassung (zu den Universitäten, R. F.) hat ja überhaupt erst in dem Augenblick einen in Frage kommenden Wert, in dem der Staat seinerseits sich bereit erklärt, den Frauen nun auch sämtliche Berechtigungen zu gewähren, die sich für die Männer aus der Zulassung ergeben: nach bestandenen Prüfungen sämtliche Grade, Titel, Ämter und Würden. Könnte ein so graduiertes Mädchen im Ernst noch an die Ehe und ihre schwer wiegenden Verpflichtungen denken? Welche Folgeerscheinungen der trübsten Art würden da vorauszusehen sein? Kann der Staat

das alles wirklich wollen? Ohne auf diese Einzelheiten einzugehen: soviel ergäbe sich sicher, entweder: geringe Beteiligung seitens der Frauen, dann überhaupt keine Besserung der Gesamtlage; oder: starke Beteiligung, damit Konkurrenz mit den männlichen Arbeitern, in weiterer Folge wahrscheinlich Heranbildung eines Gelehrten- resp. Beamten-Proletariats, da bei gleichbleibender Nachfrage die Verbesserung der einen nur auf Kosten der anderen erzielt werden kann. Also auch in diesem Falle würde der soziale Notstand nicht gebessert, er würde im Gegenteil noch verschärft werden.
Prof. Dr. phil. Heinrich Spitta

Das Studieren darf unter den Frauen nicht »Mode« werden, sondern große und unerbittlich erhobene Anforderungen müssen jeden nicht ernsthaft gemeinten Versuch einer nicht voll befähigten Natur von vornherein unmöglich machen.
*Prof. Dr. med. Hans Buchner * 1850*

Was aber meine Disciplin, die Geschichte, betrifft, so gehört zur Lösung der von ihr gestellten Aufgaben: ein lange methodisch geschulter, streng auf die Erforschung der Thatsachen gerichteter Blick, eine reife Lebenserfahrung und Menschenkenntnis, ein politisches Urteil und ein das ganze Gebiet des wirtschaftlichen, staatlichen und teilweise auch des religiösen Lebens umfassendes Wissen. Das sind Eigenschaften, die, wie ähnlich Niebuhr irgendwo gesagt hat, eine Frau ihrer ganzen Natur nach nicht besitzen kann, so daß auch die fähigste sich niemals zum Historiker eignen wird.
Prof. Dr. phil. Georg Busolt * 1850

Das Weib kann, was der Mann kann. Wo Not oder Unverstand das Weib mißbraucht, muß es nicht nur dasselbe leisten wie der Mann, sondern auf Kosten seiner Lebenskraft mehr.
Elisabeth Gnauck-Kühne * 1850

Auch die Degenerierung des Menschengeschlechts entspringt der Geringschätzigkeit des weiblichen Geschlechts, der gewaltsamen Daniederhaltung ihrer Intelligenz, ihrer Thatkraft, die dem Staate, wenn sie sich entfalten dürfte, zu unendlichem Segen gereichen wurde.
Dr. Marie Raschke * 1850

Eine körperlich gut ausgebildete, gesunde Frau muß durchaus nicht Amazone oder Sportfrau, eine geistig gebildete Frau Blaustrumpf sein, ebensowenig wie ein gelehrter Mann verschroben oder körperlich verkümmert zu sein braucht.

Übrigens wird eine gesunde Frau auch durch mehrfache Entbindungen ihrer Thätigkeit wohl nicht länger entzogen, als der gesunde Mann durch die Anforderungen der Militärpflicht.
*Prof. Dr. med. Ottomar Rosenbach * 1851*

Einzelne Hospitantinnen im Hörsaal sehe ich gerne; aber ich kann mich nicht entschließen, ... in die Anrede »Meine Damen« aufzunehmen.
*Prof. Dr. theol. et Dr. phil. Georg Runze * 1852*

In allem Schöpferischen aber und so in der gesamten Wissenschaft, ... wird auch die begabteste Frau, (allerseltenste Ausnahmen vielleicht abgerechnet) nur Mittelmäßiges leisten, wenn sie nicht an ihrem weiblichen Charakter Einbuße erleiden soll.
Prof. Dr. theol. et Dr. phil. Georg Runze

Die Frage nach der »Befähigung« des weiblichen Geschlechts zum akademischen Studium kann keine ... männliche Jury entscheiden, sondern nur die Erfahrung.
Prof. Dr. theol. Hermann Freiherr von Soden
* 1852

Gelehrte und künstlerische Frauen sind Ergebnisse der Entartung. Nur durch Abweichung von der Art, durch krankhafte Veränderungen kann das Weib andere Talente, als die zur Geliebten und Mutter befähigenden, erwerben.
*Dr. Paul Julius Möbius * 1853*

Das Weib ist berufen, Mutter zu sein, und alles, was sie daran hindert, ist verkehrt und schlecht.
Dr. Paul Julius Möbius

Wollen die »Intellectuellen« ihre Geschlechter erhalten und in ihren Nachkommen fortleben, so müssen sie vor allem streng darauf achten, daß ihre Frauen gesunde Weiber und nicht Gehirndamen sind.
Dr. Paul Julius Möbius

Schützt das Weib gegen den Intellectualismus.
Dr. Paul Julius Möbius

Körperlich genommen ist, abgesehen von den Geschlechtsmerkmalen, das Weib ein Mittelding zwischen Kind und Mann und geistig ist sie es, wenigstens in vielen Hinsichten, auch.
Dr. Paul Julius Möbius

Die wenigen weiblichen Gelehrten, deren Namen die Geschichte der letzten 2 Jahrtausende enthält, waren gute Schüler, nichts weiter.
Dr. Paul Julius Möbius

Ich finde nicht selten bei mittelgroßen Weibern einen Kopfumfang von 51 cm. So etwas kommt bei Männern nicht vor, die geistig normal sind, nur bei krankhaft Schwachsinnigen, Idioten. Jene Weiber aber sind in ihrer Art ganz gescheit.
Dr. Paul Julius Möbius

Das Höchste ist, wenn ein Weib sich derart als guter Schüler beweist, daß sie im Sinne des Lehrers die von ihm erlernte Methode handhabt. Dagegen ist das eigentliche »Machen«, das Erfinden, Schaffen neuer Methoden, dem Weibe versagt. Sie kann sozusagen nicht Meister werden, denn Meister wird, wer was erdacht.
Dr. Paul Julius Möbius

Das Weib ist nämlich nicht nur karger mit Geistesgaben versehen als der Mann, sondern sie büßt sie auch viel rascher wieder ein.
Dr. Paul Julius Möbius

Übermäßige Gehirnthätigkeit macht das Weib nicht nur verkehrt, sondern auch krank … Soll das Weib das sein, wozu die Natur es bestimmt hat, so darf es nicht mit dem Manne wetteifern. Die modernen Närrinnen sind schlechte Gebärerinnen und schlechte Mütter. In dem Grade, in dem die »Civilisation« wächst, sinkt die Fruchtbarkeit, je besser die Schulen werden, um so schlechter werden die Wochenbetten, um so geringer wird die Milchabsonderung, kurz, um so untauglicher werden die Weiber.
Dr. Paul Julius Möbius

Bekannt ist, daß sogenannte geniale Weiber gewöhnlich wie verkleidete Männer aussehen. Man denke z. B. an die in der letzten Zeit vielfach abgebildete Rosa Bonheur. Von den Mathematikerinnen sieht besonders Sophie Germain männlich aus. Die Kowalewsky zeigt, daß Gesundheit und hervorragendes Talent beim Weibe schwer zusammen bestehen. Sie war in hohem Grade nervös, leidenschaftliche Erregungen machten sie frühzeitig alt und krank. Die Germain war ein gutartiger Sonderling. Die Châtelet in ihrer Schamlosigkeit stellt den schlimmen Typus eines entarteten Weibes dar.
Dr. Paul Julius Möbius

Es ist eine Übertreibung, wenn vom mathematischen Genie bei Weibern gesprochen wird. Niemand wird bezweifeln, daß die Mathematik sich ebenso günstig entwickelt haben würde, wenn die ... weiblichen Mathematiker nicht gelebt hätten.
Dr. Paul Julius Möbius

Demnach ist also nachgewiesen, daß für das geistige Leben außerordentlich wichtige Gehirntheile, die Windungen des Stirn- und Schläfenlappens, beim Weibe schlechter entwickelt sind als beim Manne und daß dieser Unterschied schon bei der Geburt besteht.
Dr. Paul Julius Möbius

Wie die Thiere seit undenklichen Zeiten immer dasselbe thun, so würde auch das menschliche Geschlecht, wenn es nur Weiber gäbe, in seinem Urzustande geblieben sein. Aller Fortschritt geht vom Manne aus. Deshalb hängt das Weib vielfach wie ein Bleigewicht an ihm, sie verhindert manche Unruhe und vorwitzige Neuerung.
Dr. Paul Julius Möbius

Die ganze Bedeutung des weiblichen Lebens hängt davon ab, daß das Mädchen den rechten Mann erhalte, auf diesen Moment, als den Höhepunkt des Lebens, sind alle Kräfte gerichtet und alle Geistesfähigkeiten werden auf das eine Ziel concentrirt.
Dr. Paul Julius Möbius

Was nun das Recht auf Wissen anlangt, so wird es den Frauen unbedingt zuzugestehen sein: das Geschlecht soll kein Hindernis für die Befriedigung und die Pflege eines der edelsten menschlichen Triebe, des Wissensdranges sein.
Prof. Dr. phil. med. et jur. Wilhelm Ostwald
* 1853

Ich glaube behaupten zu dürfen, daß die innere Befriedigung einer Mutter, die aus dem Herzen ihres Kindes böse Neigungen auszurotten und an ihre Stelle Hilfsbereitschaft und Nächstenliebe zu pflanzen gewußt hat, oder die einer barmherzigen Schwester, welche einen Schwerkranken durch ihre Pflege gerettet hat, reiner und stärker ist, als sie durch irgend eine wissenschaftliche Entdeckung sein könnte.
Prof. Dr. phil. med. et jur. Wilhelm Ostwald

Denn die Ledigen in jüngerem Alter haben mit der Heiratsmöglichkeit, ja Heiratswahrscheinlichkeit zu rechnen, und der Staat hat alles zu vermeiden, was dahin führen könnte, die Frau für ihren eigentlichen Beruf – als Hausfrau und Mutter – ungeeignet oder weniger geeignet zu machen.
*Prof. Dr. phil. Ludwig Elster * 1856*

Gebt unsern jungen Mädchen der besitzenden Stände mehr Luft, Licht und freie Bewegung, und es wird anders werden! Befreit das Atmen ihres Körpers von dem Zwange des Korsetts und das Atmen ihres Geistes von dem Zwange überspannter Schicklichkeitsgebote, dann wird Muskel und Nerv sich stärken und die vielen bleichen Gesichter werden verschwinden. Ein junger Mann kann sich nach dem Staubschlucken in der Schule austoben, ein gleichaltriges Mädchen aber muß zur gleichen Stunde eine augenverderbende und rückgratverkrümmende unnütze Stickerei als Geburtstagsgeschenk für eine liebe Tante machen oder wird, obgleich musikalisch unbegabt,

an den Klavierstuhl gefesselt; draußen aber herumzuspringen wie der Knabe, ist dem Mädchen verboten, besonders sobald es etwas älter wird, denn »es schickt sich nicht«. Beseitigen wir diese Unsitten und das Weib der besitzenden Stände wird auch in körperlicher Beziehung leistungsfähig genug werden, um den geistigen Wettkampf mit dem Manne aufzunehmen!
*Prof. Dr. phil. Arthur König * 1856*

Amazonen sind auch auf geistigem Gebiet naturwidrig. Bei einzelnen praktischen Aufgaben, z. B. in der Frauenheilkunde, mögen vielleicht die Verhältnisse anders liegen; im allgemeinen aber kann man nicht stark genug betonen, daß die Natur selbst der Frau ihren Beruf als Mutter und als Hausfrau vorgeschrieben hat, und daß Naturgesetze unter keinen Umständen ohne schwere Schädigungen, welche sich im vorliegenden Falle besonders an dem nachwachsenden Geschlecht zeigen würden, ignoriert werden können.
*Prof. Max Planck * 1858*

Entweder Errichtung von Frauenhochschulen, oder man lasse es beim alten.
*Prof. Dr. phil. Julius Scheiner * 1858*

Respekt vor den Frauen, die sich männlichen Berufen zuwenden! Aber keinen »Beruf« zu haben wird doch immer des Weibes höchster Beruf bleiben.
*Peter Sirius * 1858*

Statt die bestehenden Bande zu sprengen, wird die Studentin einen Kitt in das bröckelnde Mauerwerk des idealen Studententums bringen, der uns überaus not that ... Und die neue Stufe im Entwickelungsgange der Frau wird – eine uralte Erfahrung, die dennoch so selten beherzigt wird – eine neue auch in dem des Mannes sein, – eine bessere.
*Wilhelm Bölsche * 1861*

Und wir werden die Frau ebenso, ja, noch mehr achten, wenn sie uns auch an Bildung, auch an Selbständigkeit gleich werden will! Es ist eine Ungerechtigkeit ohne Maß, Frauen, die den Drang zu einem Studium haben, die Thür des Gymnasiums und der Universität zu verschließen! Es ist eine Ungerechtigkeit ohne Maß, Frauen die Wohlthat studirter weiblicher Ärzte zu versagen! Es ist eine Ungerechtigkeit ohne Maß, den Frauen, die einsam im Leben stehen, einen nährsamen Beruf zu verschließen.
*Dr. Adalbert von Hanstein * 1861*

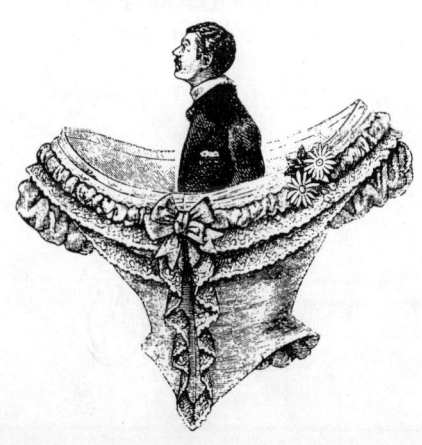

Eine Männerwelt hingegen, die vom Staate Schutzmaßregeln und Privilegien fordert, um nicht etwa von der weiblichen Konkurrenz geschädigt oder gar überboten zu werden, die mag sich selber fragen, ob sie diesen erbärmlichen Standpunkt noch mit ihrer Selbstachtung vereinbaren kann.
*Ludwig Fulda * 1862*

Eine Frau, die heute in einem wissenschaftlichen Beruf ebensoviel leistet wie ein Mann, muß zehnmal tüchtiger sein als dieser, weil sie zehnmal mehr Schwierigkeiten zu überwinden hat.
Ludwig Fulda

Man hat ernstlich behauptet, daß wegen des kleineren Hirngewichtes Frauen für die wissenschaftliche Carriere nicht geeignet seien. Aber wie viele Männer giebt es, die ein bei weitem kleineres Gehirn haben als viele Frauen! Kein Beweis ist dafür erbracht worden, daß ein Element, das Vorbedingung für die Intelligenz ist, bei dem weiblichen Gehirne fehle.
*Dr. med. Albert Moll * 1862*

Wer mit angesehen oder mit erlebt hat, wie es die Studentinnen treiben, der begreift die Befürchtung nicht, die manche Menschen hegen, als könne sich durch das Studium der Typus der gelehrten Frau heranbilden, die durch ihre Kräfte übersteigende Kopfarbeit zu kränklich und zu nervös geworden ist, um noch eine liebenswerte Frau und Mutter gesunder Kinder werden zu können.
*Ricarda Huch * 1864*

Schränkt der Beruf die Persönlichkeit ein, so löst die Berufslosigkeit sie auf: fast ist das Übel noch größer. Am glücklichsten ist derjenige, dessen Beruf seine ganze Persönlichkeit in Anspruch nimmt; und solche Berufe zu ergreifen oder sich zu schaffen, danach scheinen mir die Frauen zu streben.
Ricarda Huch

Das Weib und die Philosophie sind zunächst einander fremd, ja feindlich. Die Philosophie athmet ganz im Denken, das Weib lebt ganz in der Empfindung. Die Philosophie sucht nur das Allgemeine, das Weib stets das Persönliche.
*Dr. Karl Joël * 1864*

Das Weib lebt weit ausschließlicher, als der Mann, in der Empfindung. Alle Empfindung ist persönlich, subjektiv. Das Weib kann daher kaum in ein Sachliches sich versenken, das ihm nicht durch die Person vermittelt ist, kann kaum ein Objektives als Inhalt heraussetzen, denn aller Seins- und Lebensinhalt ist dem Weibe eben Empfindung. So kann es sich objektiv nur in der Form bethätigen und darum unter den Wissenschaften am liebsten in der allerformalsten, der Mathematik.
Dr. Karl Joël

Die Natur will die Tätigkeit der Frau nicht ... Auch als studierte Frau wird sie nur die Magd sein, die die grobe Arbeit vollführt.
*Georg Groddeck * 1866*

... den Frauen selbst wird es obliegen, die starken Abstufungen zu überbauen, die gegenwärtig zwischen der geistigen und verantwortungsvollen und der der Bevormundung bedürftigen Frau liegen.
*Walther Rathenau * 1867*

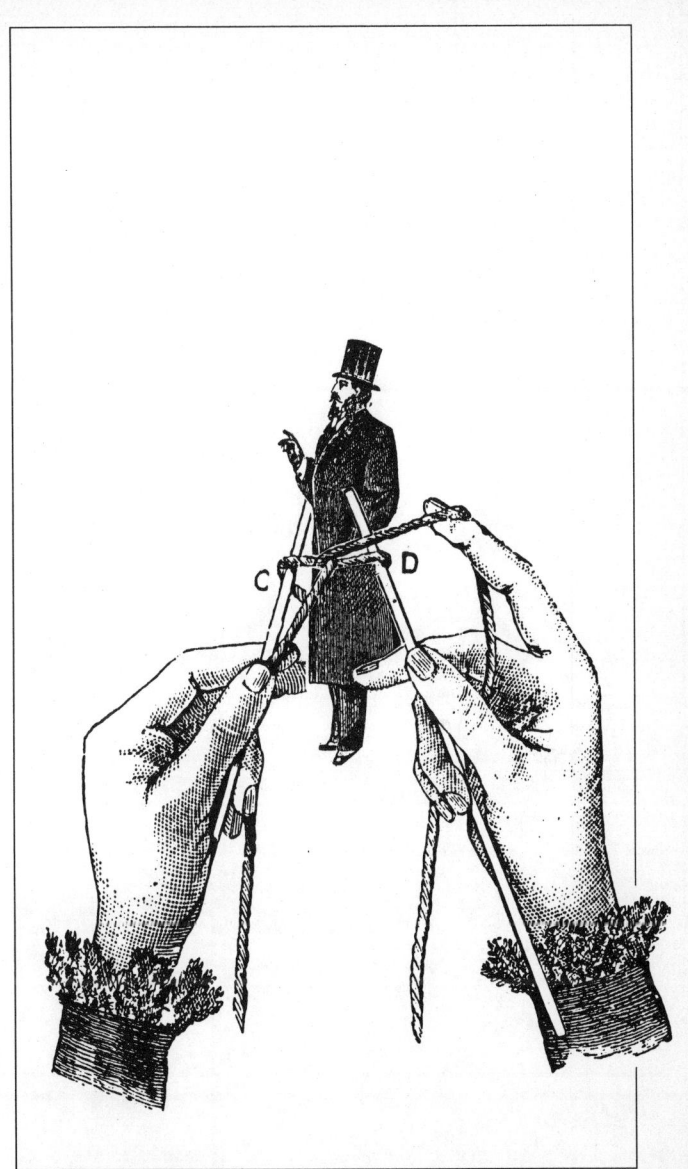

An die Frauen soll man selbstverständlich dieselben Ansprüche stellen, die man überhaupt an wissenschaftliche Arbeiter stellt, mit offenem Blick dafür, ob nicht durch die Frauen gerade neue Nuancen hineingetragen werden, wie sie der Mann seiner Art nach nicht gekannt hat und nicht hat kennen können.
*Dr. phil. Helene Stöcker * 1869*

Die von Männern ausgeheckte Ansicht, die typische Frau habe weniger Verstand als der typische Mann, ist gründlich verkehrt. Die typische Frau hat einen andern Verstand als der typische Mann, wovon eine wichtigste Ursache darin liegt, daß ihr Erfassen und Denken vorwiegend lebensabhängig ist, das des Mannes vorwiegend geistesabhängig. Daraus wieder folgt zum Teil (aber auch nur zum Teil), daß Allgemeingedanken, Begriffe, Gesetze, Maximen, Programme den männlichen Auffassungstypus ungleich stärker bestimmen als den weiblichen Auffassungstypus.
*Ludwig Klages * 1872*

Es ist unrichtig, wenn es heißt, bei der Frau herrsche das Gefühl, bei den Männern der Verstand; sondern so vielmehr verhält es sich: für die typische Frau ist ausschlaggebend das personelle Gefühl, für den typischen Mann das generelle Gefühl ... Daß die Frau mehr persönlichen, der Mann mehr sachlichen Interessen huldigt, liefert den entscheidenden Grund für das Übergewicht der konkreten Intelligenz auf weiblicher Seite, der abstrakten auf männlicher Seite ...
Ludwig Klages

Wir treffen den tiefsten Unterschied der typisch weiblichen von der typisch männlichen Intelligenz mit der Feststellung eines Übergewichtes der Auffassungsgabe in jener, des Urteilsvermögens in dieser.
Ludwig Klages

Weib (Weibheit, Weiblichkeit) siehe Mann.
Ludwig Klages

Der typische Mann ist mehr »Denker« als das typische Weib; so denken denn Frauen öfter an etwas als über etwas, Männer meist umgekehrt; so geht das Denken über etwas im Geiste der Frau häufig von wirklich stattgehabten Gesprächen aus oder gestaltet Mitteilbares im Hinblick auf eine bestimmte Person; und so sind unter sonst vergleichbaren Umständen die Frauen noch heute den Männern meist überlegen im Schreiben von Tagebüchern und Briefen, meist unterlegen im Schreiben von Abhandlungen.
Ludwig Klages

Die Intelligenz eines Weibes mobilisiert alle Laster, die zu weiblicher Anmut versammelt sind.
*Karl Kraus * 1874*

Das Weib habe so viel Geist, als ein Spiegel Körper hat.
Karl Kraus

Auch die Wissenschaft befriedigt die Neugierde der Frau. Von Mitwissensdurst getrieben, duldet sie nicht, daß der Mann außer Hauses ein Geheimnis habe. Sie kann es in der Mitwissenschaft gar zum Doktor bringen.
Karl Kraus

Die geschlechtliche Differenz ist geistig ebenso ursprünglich wie sie es leiblich und biologisch ist... Überall wird die präzise Untersuchung hier zeigen, daß der Geschlechtsunterschied bis in die tiefsten Wurzeln des Geistes selbst zurückreicht, daß z. B. der weibliche Begriff, das weibliche Urteil, das weibliche Wertfühlen grundverschieden gebaut ist.
Max Scheler * 1874

Die Frau ist es müde geworden, das Ideal des Mannes zu sein, der zur Idealisierung nicht mehr die rechte Kraft hat, und hat es übernommen, sich als ihr eigenes Wunschbild auszudenken... Sie will überhaupt kein Ideal mehr sein, sondern Ideale machen, zu ihrer Bildung beitragen, wie die Männer es tun; wenn auch vorläufig noch ohne besonderen Erfolg.
Robert Musil * 1880

Das Weib ist auch dumm, d. h. ungelehrt und ungebildet. Ihm mangelt infolge seiner geistigen Inferiorität das kritische Vermögen. Zwar glauben viele Weiber Genie genug zu sein und Talente zu besitzen, und sie bereiten sich zu männlichen Berufen vor. Aber aus diesen gelehrten Weibern werden nur geistige Hermaphroditen, unnützliche Produkte der modernen Massendressur geistiger Fanatikerinnen.
Max Funke

»Lange Haare, kurzer Verstand!« lautet ein deutsches Sprichwort, in welchem so viel Wahres enthalten ist. Niemand wird wohl bestreiten, daß das Weib von Natur aus schwachsinnig und dumm ist.
Max Funke

Fragen wir nun: was haben die Weiber in den letzten 3000 Jahren geleistet? so müssen wir antworten: nichts, rein garnichts ... Aber haben Weiber irgend etwas erfunden oder etwas geschaffen auf dem Gebiete der Wissenschaft und Kunst? Wieder ein Nein! Denn das Erfinden und Schaffen neuer Methoden ist dem Weibe infolge der schlecht entwickelten Gehirnrinde von Natur aus versagt. Darum kann auch ein Weib kein eigenes Urteil fällen, sein Gesichtskreis ist ziemlich beschränkt, seine Affekte aber heftiger; ihm fehlt das Vermögen zu kombinieren und die schöpferische Phantasie.
Max Funke

Täglich tritt uns die Unfähigkeit des weiblichen Geistes zur Kombination, das Fehlen der Phantasie und des abstrakten Denkens entgegen, aus welchem das Talent besteht. Dem Weibe muß ich jedes Talent absprechen ...
Max Funke

Das Weib ist schwachsinnig, besonders im Vergleich mit dem Manne. Für die Schädelkapazität haben wir den Kanon, und können leicht die Minderwertigkeit der weiblichen Geistesfähigkeiten im Vergleich mit den männlichen bestimmen.
Max Funke

Kein Weib hat wirkliches Interesse für die Wissenschaft, sie mag es sich selbst und noch so vielen braven Männern, aber schlechten Psychologen, vorlügen. Man kann sicher sein, daß wo immer eine Frau irgend etwas nicht ganz Unerhebliches in wissenschaftlichen Dingen selbständig geleistet hat, ... dahinter stets ein Mann sich verbirgt, dem sie auf diese Weise näherzukommen trachtete ...
*Otto Weininger * 1880*

Hat einmal ein Weib einen theoretischen Einfall, so verfolgt es ihn nicht weiter, es bringt ihn nicht in Beziehung zu anderen, es denkt nicht nach. Deshalb kann es am wenigsten einen weiblichen Philosophen geben: ... Der Mann fühlt sich zur Logik verpflichtet, die Frau nicht ...
Otto Weininger

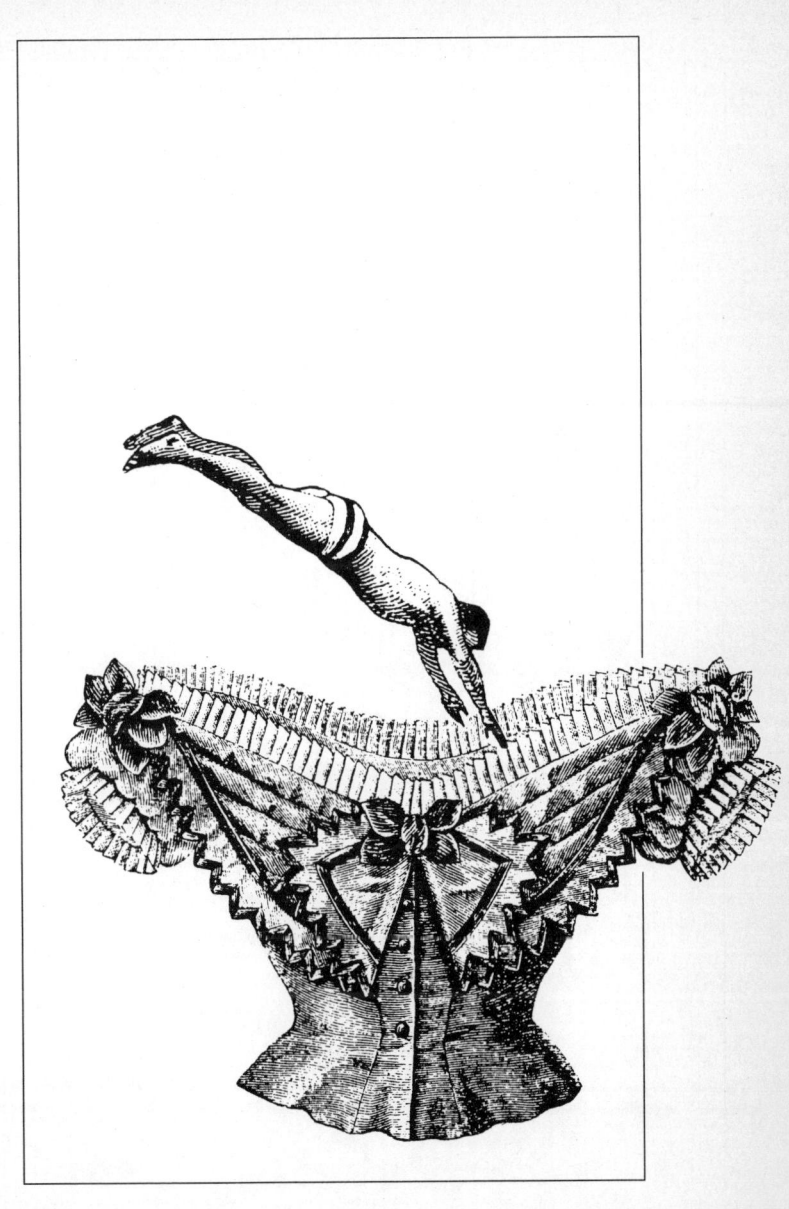

Nur ein Schwächling erträgt es nicht: daß heute die Seele jeder Frau eine deutliche Beimischung hat von Chemikerin oder Prokuristin, Sängerin oder Photographin, Juristin, Volkswirtin oder Ärztin.
Heinrich Eduard Jacob * 1889

Je mehr sie (die Frau, R. F.) die sonderliche Art ihrer inneren Schau durch logische Schulung zu verdrängen sucht, wird sie an Wesentlichkeit verlieren und dafür nur an sekundären Werten gewinnen, eben an Intellektualisierung, was eo ipso dazu führen muß, in der großen Konkurrenz zu unterliegen. Weibliche Geistigkeit kann nie männlicher Geist werden, denn seine Macht liegt als schöpferische Dynamik letztlich in seiner männlichen Anlage als Zeugender begründet.
Frank Thiess * 1890

Ein Jahrhundert weiblichen Erwachens zeigt uns das erstaunliche Bild eines geistigen Aufstiegs, der nun am ewigen Scheidewege des Herkules steht. Kein Mann kann ihr zum Entschlusse helfen. Versagt sie, wird er über sie besitzgierig herfallen. Wählt sie den richtigen Weg, wird er Mühe haben, ihr nachzufolgen.
Frank Thiess

128 Das Weib handelt mehr nach der Logik des Leibes. Also natürlicher.
*Hans Henny Jahnn * 1894*

Denn was immer für Frauenberufe und was immer für selbständige Frauen auch noch auftauchen mögen, so glauben wir doch, daß eine Gattin oder eine Geliebte von ihrem Beruf mehr verstehen wird als die flinkeste Stenotypistin, die beste Ärztin und die gerissenste Politikerin von dem ihren.
*Alexander Lernet-Holenia * 1897*

Noch
eine Bemerkung

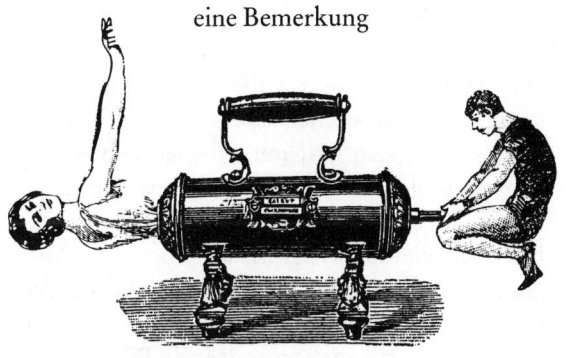

Nicht gelehrt, sondern geistreich zu sein, gilt über Jahrhunderte für Frauen der eleganten Welt als Höchstmaß des Wünschenswerten und Zulässigen. Die geistreiche Frau ist Würze und Beiwerk des Lebens. Sie kennt sich aus in Konversation und Kunst, weiß mit ihren Gedankenflügen sanft abzuheben von der rohen Wirklichkeit, und der Mann hat Vergnügen zuzusehen, wie sie auf den Oberflächen des Wissens geschmeidig ihre Pirouetten dreht. Sie ist der Schmuck, der ihn in den Augen seinesgleichen teuer macht. Überdies besitzt die geistreiche Frau all das, was dem weiblichen Geschlecht von alters her bereitwillig zuerkannt ist: Phantasie, Gefühl, Unverbildetheit von Kopf bis Fuß. Ihr Wissen heißt Eingebung, ihre Intelligenz Mutterwitz, ihr Urteil Finesse. Sie verkörpert das, was der Mann durch seinen täglichen Lebenskampf längst verloren hat – die Macht der Imagination, die für Frauen als Bildungsmacht gilt, das Gespür für Leben, das ihnen als Vorform des Geistes, als »Dämmerung von Vernunft« schon immer bescheinigt ist. So bleiben Richtung und Größe weiblichen Geistes verhaftet im gewohnten Bild von der Frau als einer sanften Verführerin, die über alles Sinnliche hinaus ihren gebotenen intellektuellen Alltagsbeitrag zu leisten hat: mit Liliengedanken und Rosengefühlen die Welt des Mannes verschönern, ihn zu trösten, wenn das Erworbene und Erhoffte wie ein Truggebäude zusammenfällt, ihn aufzufangen, wenn das Schicksal ihn aus der Bahn schleudert und ihm immer wieder als der magische Spiegel zu dienen, der sein Bild in doppelter Größe wiedergibt. Solange sie den Mann darin bestätigt, daß er der Welt und sie ihm, ihrem Herrn, zu dienen hat, kann sie nicht geistreich genug sein.

Nur dann, wenn eine Frau es wagt, ihre geistigen Fähigkeiten aus dem häuslichen Versteck, dem unverbindlichen Salonphilosophieren herauszuführen, nur dann, wenn ihr das Nippen an den Honigblüten der Erkenntnis nicht mehr genügt und sie danach verlangt, hinter das Wesen der Dinge zu schauen, und gelehrte Höhen erklimmen will, dann plötzlich ist es um die Bewunderung geschehen. Dann ist die verstiegene Tochter mit dem gelehrten Gelüst im Begriff, einen Irrweg zu betreten, und ein Chor barmherziger Samariter erhebt seine Stimme: Die Gottnatur des Weibes muß gerettet werden! Den Frauen eine ernsthafte wissenschaftliche Ausbildung zuzubilligen, heißt, ihnen das Typische, ihre Naivität, ihre sinnliche Schönheit zu rauben, ihnen Kraft und Gegenkraft, Größe und Geltung zu geben! Das herrschende Bild von Weiblichkeit darf nicht zerstört werden! Würde dies jemals geschehen, gerieten Ordnungsstrukturen in Gefahr und Herrschaftsstrukturen in Unordnung. Erstreben doch die Frauen eine neue Art zu leben, das Leben vom Kopfe aus; wecken sie doch das Bedürfnis, im Denken, Erkunden, Erforschen und Erfinden einen gesteigerten Lebensgenuß zu suchen, der den Drang nach Unabhängigkeit fördert. Künftige Hausfrauen wollen sich gar in Zerstörerinnen einer Jahrtausend-Idylle verwandeln und unnötige Bewegung in das Gefüge einer Gesellschaft bringen, der es einzig darum zu tun ist, ihr Existenzprinzip zu erhalten: die in ihr arbeiten, erwerben nicht, und die in ihr erwerben, arbeiten nicht. Ist erst einmal weiblicher Geist akzeptiert und womöglich noch durch ein Studium gefestigt, geht er seine eigenen Wege. Denn wo Geist genährt wird, zeichnet sich eine gerade Linie von Erwachen, Aufstehen und Handeln ab. Zu viel zu wissen, zu tief zu blicken, ist für das schwache Geschlecht nur eine unnütze Belastung, eine Bürde, die Sorgen und Zweifel mehrt und an der es schwer zu tragen hat. Die kathedertreuen Biedermänner ahnen eine heimtückische Unterwanderung ihrer Herrschaftsansprüche und ziehen die Summe: Wissen ist Macht, und die taugt nicht für Frauen.

Schon stürzen die Söhne Apollos von ihrem einsam männlichen Genieflug vereint in Entsetzen. Angst greift um sich, die häusliche Dienerin zu verlieren und sie womöglich in schlimmster Gestalt als Konkurrentin auf dem akademischen Arbeitsmarkt wiederzufinden. Um dieser düsteren Zukunft zu wehren, sparen sie nicht mit Warnungen und Weissagungen. Mit jedem einzelnen Argument fechten sie zugleich für die Verteidigung ihres Mythos, des Mythos von der privaten und beruflichen Vormachtstellung des Mannes. Jeder Angriff auf diese universelle Gewohnheit erscheint »ganz natürlich unnatürlich«. Und die leibhaftige Unnatur verkörpert die gelehrte Frau. Schnöde kehrt sie ihrer weiblichen Bestimmung den Rücken und erdreistet sich, ohne Erlaubnis, ohne demütiges Ersuchen in die unberührten Tiefen wissenschaftlicher Erkenntnisse hinabzusteigen. Schändlicher noch: Mit jedem Schritt dorthin untergräbt sie die bewährte Tradition, die seit Jahrhunderten wärmt und Selbstglanz verbreitet: Hochschulwürden sind Männerwürden und sollen es bleiben. Einen Promotus, einen Beförderten, finden Staatsdiener und Denker naturgegeben, normal, eine Promota unzumutbar, abartig.

Wo es gilt, den Frauen ihr angestammtes Plätzchen wieder zuzuweisen, sind sich die Herren des Geistes denn auch über die Maßen einig. Den wissenschaftlichen Höhen verpflichtet, wählen sie daher gleich zwei verschiedene Methoden – die direkte und die fürsorgliche Repression. Bei der ersteren lassen sie unverblümt ihr Tiefinnerstes frei, bestehen darauf, daß die »königliche Domäne« der Frauen weiterhin Haus und Herd zu sein hat, wiederholen den altbekannten Refrain, daß das eine Geschlecht zum Herrschen und das andere Geschlecht zum Dienen geboren sei, und rufen nach dem schützenden Arm des Staates. In der fürsorglichen Methode dagegen wird unablässig das Hohelied auf die Madonnenherrlichkeit des Weibes gesungen, ihr Nichtwissen als Anmut gepriesen und befunden, daß Frauen viel zu schade seien für die schmutzigen Niederungen des Weltgetriebes. Wie alle zarten und unterentwickelten Pflanzen müßten sie gehegt und gepflegt, geschont und geschützt werden. Gerade der Universitätsbetrieb sei so krank und altersschwach, daß er dem jugendfrischen edlen Gemüt der Frauen nur das letzte Geleit geben könne. Reihenweise treten die Beschützer auf, empfehlen sich als Retter der Engelhaftigkeit des Weibes und zielen auf den süßen Lohn dienender Dankbarkeit.

Doch die Frauen, die lautlos zu sich selbst aufgebrochen sind, lassen sich weder von Drohreden noch von Schmeicheltönen aufhalten. Unverkennbar ist aus der Stille heraus die akademische Frauenbewegung, die von der 48er Revolution Rückhalt und Auftrieb bekommen hat, weiter angewachsen und fließt in einem Strom historischer Notwendigkeit. Mit einemmal steht die Forderung wie ein böses Omen im Raum: Zulassung der Frauen zu den deutschen Universitäten. Immatrikulation und Studium ohne Sonderrechte und Gnadenakte.

Die an Sitte und Ordnung gewöhnte Philisterphantasie beginnt zu fiebern. Düster droht die Zukunft herüber. Existenzgefährdung liegt in der Luft. Vernichtungsgefühle kommen auf. Für ein geliebtes Normgebäude besteht Einsturzgefahr. Hektisch versuchen die Macht- und Würdenträger des Geistes die Katastrophe zu verhindern.

Zu ihrem größten Ungemach scheren aus der eigenen Zunft namhafte Kollegen aus und verteidigen die geistigen Ansprüche der Frauen als ein selbstverständliches menschliches Recht auf Bildung und Ausbildung. Da niemand hinter seinem berühmteren Kollegen zurückstehen will, kommt es zu einem stillschweigenden Kompromiß: sollen die unbelehrbaren Frauen als exotische Gewächse doch am Baum der Wissenschaft ranken – Hauptsache, die eigene ist nicht dabei.

Zur Abschreckung schaffen die tüchtigen Stockgelehrten die Gestalt der garstigen Klugen, und ihre Schleppenträger, die journalistischen Tagelöhner, sorgen dafür, daß diese als Stereotyp einen festen Platz in den Köpfen der Zeitgenossen einnehmen. Der schönen Frau leuchtet das Paradies der Liebe, der dürren Tugendschwester bleibt die Notunterkunft Universität. Für sie, die nie das süße Gefühl erlebt, von ihm, der irdischen Vorsehung, begehrt zu werden, gilt geistige Tätigkeit als Liebesersatz. Wie bemitleidenswert ist die Mater dolorosa der Erkenntnis, wie bewunderungswürdig die kleine fleißige Hausfrau!

Schluchzend stehen die Genien von Fach und Beruf am Grabe des »Typisch Weiblichen«: Diese armen Frauen zahlen für die Entfaltung einen hohen Preis – den Verlust ihrer Sinnlichkeit, den Verlust all ihrer geschlechtsspezifischen Vorzüge: Mütterlichkeit, Sanftheit, Liebreiz.

Und schon wenden sich die Frauen selber von diesem befremdlichen Neutrum ab. Spröde, geschlechtslos wie eine gelehrte Frau wollen sie nicht sein. Eine Abkehr fällt um so leichter, weil die Wissenschaftlerinnen immer deutlicher verkörpern, wozu sich viele Frauen noch zu schwach fühlen – nicht mehr das untergeordnete Wesen zu sein, das dankbar hinterdreinfolgt, wo männliches Genie die Bahn gebrochen hat, sondern durch geistige Tätigkeit zu innerer und äußerer Selbständigkeit zu gelangen und damit das Netz von Vorurteilen zu zerreißen, das als gesellschaftliche und politische Norm fest geknüpft ist.

Unterdes Duelldebatten toben und kräftig auf die Moralkesselpauke geschlagen wird, kehren Frauen nach beendetem Auslandsstudium in die Gelehrtenprovinz Deutschland zurück und ergreifen wissenschaftliche Berufe. Die häusliche Dienerin macht es wahr und verwandelt sich in das Gespenst der Konkurrentin auf dem akademischen Arbeitsmarkt. Der Schock ist gewaltig, das Entsetzen groß.

Am lautesten entrüsten sich jene, die in der allwissenden Wissenschaft noch nicht im Übermaße von Ruhm und Ehre verwöhnt worden sind, kleinkernige Kometen mit geringer Leuchtkraft und kurzer Dauer, habilitierte Krämerseelen, die hinter der titelschweren Autorität ihres ordentlichen Professorentums als geistige Zentralgestirne zu leuchten meinen. Nicht selten erwecken ihre Argumente den Verdacht, die Ansprüche der Frauen könnten einen Schatten auf den Glorienschein des Homo academicus werfen. Der Zwang der Teilung, der Zwang, auf dem Olymp der Geisteskraft für das andere Geschlecht ein Stückchen Platz machen zu müssen, weckt schlafende Energien. Niemand mag untätig der schamlosen Entthronung seines Mythos beiwohnen. Denn offenbart hat es sich längst: Männlichkeitsmythos und Machtposition gehören zusammen. Männlicher Geist ohne die entsprechende akademische Position, ohne Stellung mit Einfluß, ohne Amt mit Entscheidungsgewalt kommt auf dem Tüchtigkeitsjahrmarkt der Gelehrsamkeit nicht voll zur Geltung. Zeigt sich die rechte Höhe der Gedanken doch erst richtig auf der Höhe der Macht!

In welches wissenschaftliche Gebiet Frauen auch immer Einzug halten wollen, sofort melden sich die entsprechenden Fachvertreter zur Stelle, um zu begründen, weshalb gerade für ihren Spezialbereich Frauen nicht taugen, weil es sich gerade hier um die schwierigste, abstrakteste und komplizierteste Materie menschlichen Denkens handle. In die unergründlichen Tiefen ihrer Fachdisziplin wollen sich die Türhüter der objektiven Gesetzmäßigkeit nicht hineinblicken lassen. Ihr schwer schürfender Tiefsinn soll mit einer geheimnisvollen Aura behaftet bleiben. Achtung, Ehrfurcht, Bewunderung und Respekt hat dem männlichen Geist, dem Beweger aller Dinge, weiterhin allein zu gebühren.

Um dem schöneren Geschlecht die Lust auf Wissenschaft endgültig zu nehmen, ihm eine Befähigung dafür abzusprechen, werden Maßstäbe angelegt, die den Gang zur Universität zum sicheren Weg in den Mißerfolg gestalten sollen. So reicht angeblich die Genialität bei Frauen gerade noch aus, um ein Studium zu beenden, doch für jede selbständige wissenschaftliche Tätigkeit sei einzig eine Divination vonnöten. Nur Frauen, deren Ratio ihrer Natur gemäß nicht aus klarer Begriffsanalyse und logischer Verknüpfung von Kausalketten, sondern aus der rätselhaften Helle der Imagination kommt, aus der Unio mystica von Sein und Nichtsein, aus der Ahnung, der Vorwegnahme des Wissens, nur solchen Frauen kann es vergönnt sein, in den Boden der Wissenschaft ein Samenkorn einzubringen und vielleicht sogar ein Pflänzchen zu ernten. Nur wo sich dieser dämonische Urtrieb, diese alles zermalmende Leidenschaft der Erkenntnis bei Frauen bemerkbar macht, wo ihr gesamtes Leben sich dieser Divination unterwirft und sie allen anderen irdischen Freuden entsagen, nur dort kann die Hoffnung bestehen, daß nicht umsonst studiert worden ist. Nur die weibliche Ausnahme kann der männlichen Regel entsprechen.

Statt einsichtsvoll auf diesen dornenreichen Weg der Erkenntnis zu verzichten und sich um den schönen Naturberuf zu kümmern, beharren die Frauen auf ihrer geistigen Ausbildung und beschleunigen den gefürchteten Verfallsprozeß: Salongeist wird gegen Sachverstand, Selbstverleugnung gegen Selbstvertrauen gesetzt. Aus der Puppe der abhängigen Hilflosen schlüpft allmählich der Falter der souverän agierenden Frau und flattert dem weisen Rat des Mannes davon.

1908 müssen sich die Universitäten in Deutschland den Frauen für immer öffnen. Argwohn und Abwertung gegenüber den wissenschaftlichen Interessen des weiblichen Geschlechts öffentlich zu zeigen, ist nach der staatlichen Zulassung nicht mehr erwünscht, und so tragen denn die gelehrten Häupter ihre gewohnten Ansichten dezent verkappt. Über viele Hintertüren lassen sie das alte Urteil herein: Wissenschaft enträtselt. Liebe bessert. Die Würde des Professortitels, heißt es, sei mit der Würde des Weibes unvereinbar. Die ordentliche Professur, der Gipfel der akademischen Geisteskultur, diese so einträgliche wie angesehene Position, dürfe niemals von Frauen besetzt werden.

Hinter Hohn und Häme, Gelächter und Spott, hinter diesem ganzen versteckten Gefecht, diesen fein gesponnenen Intrigen, hinter dieser Front stillschweigenden Einverständnisses und solidarischer Mitwisserschaft fällt endlich die Maske: Die Angst vor der Zerstörung des herrschenden Bildes von Weiblichkeit ist die Angst vor dem Verfall des Männlichkeitsmythos und damit die Angst vor der Preisgabe der Macht. Macht aber ist die bevorzugte Leidenschaft des Mannes, ist das gewisse Etwas, das ihn erheben und erleuchten kann, das aus den Zwerghöhlen der Gedanken Riesendome des Geistes zaubert. Macht zu haben heißt, die Welt zu haben, Lizenzen für Wahrheit und Recht zu vergeben; Macht zu haben ist das köstliche Privileg, das Männliche am Mann, ist Kraft, Rausch, Potenz und Sucht, ist das, was ihm die Forma formarum gibt, was auch den schwächsten Mann noch zum Helden kürt und dem durchschnittlichsten Denker Erfolg verspricht.

Diese Herrlichkeit der Macht aus den Händen zu geben, geschweige denn auch nur zu teilen, hätte von manch einem Hohepriester der Wissenschaft die Einsicht verlangt, auf die selbstgebastelte Legende von der überlegenen Geistigkeit zu verzichten. Aber die Herrschaft der Wissenden über die Unwissenden sollte ja die Herrschaft des Mannes über die Frau bleiben. Sie sollte weiterhin andächtig schweigen, damit das Krönungslied männlichen Geistes um so eindrucksvoller erklingen konnte. Doch die schwachen Geschöpfe, diese treulosen Wesen, hatten kein Herz dafür, zogen in das gelahrte Herrenhaus ein und machten der schönen vorgestellten Welt ein Ende. So blieb den Gildemeistern der Gelehrsamkeit nur die schmerzhafte Erkenntnis, daß die Geschichte nicht von der Macht ihrer Meinung, sondern vom Charakter der Macht bestimmt wird und dieser wie alles dem Wechsel und Wandel unterliegt.

Renate Feyl

Daniil Granin
Unser werter Roman Awdejewitsch
Novelle

Titel der Originalausgabe:
Nash dorogoj Roman Awdejewitsch
Aus dem Russischen von Friedrich Hitzer
KiWi 244
Originalausgabe

Diese beißende Satire über den Aufstieg eines sowjetischen Parteifunktionärs, die in der Sowjetunion nur unter großen Schwierigkeiten erscheinen konnte, ist von grotesker Komik, eine scharfe Attacke gegen Korruption, Mißwirtschaft und Machtmißbrauch.

KiWi Paperbackreihe bei Kiepenheuer & Witsch

Ein Schiff aus Wasser
Spanische Literatur der Gegenwart
Herausgegeben und mit einem Vorwort
von Felipe Boso und Ricardo Bada

KiWi 245

»Eine gelungene Einführung in die spanische Literatur
der Gegenwart.« *Frankfurter Rundschau*

Mit Texten von:
PROSA: Luis Martín-Santos, Juan Benet, Carlos Barral, José Manuel Caballero Bonald, Concha Alós, Daniel Sueiro, J. Leyva, Pablo Antoñana, Isaac Montero, Luis Goytisolo, A. F. Molina, Victor Canicio, Ana Maria Moix, Mariano Antolín Rato, Ignacio Gómez de Liaño, Esther Tusquets, Julián Ríos.

LYRIK: Miguel Labordeta, Carlos Edmundo de Ory, Angel Crespo, Angel González, Jaime Gil de Biedma, Claudio Rodríguez, José Angel Valente, Félix Grande, Pere Gimferrer, Guillermo Carnero, Antonio Martínez Sarrión, Antonio Colinas, Eugenio Padorno, Jaime Siles, Alvaro Pombo, Andrés Sánchez Robayna, José-Miguel Ullán, Leopoldo María Panero, Pureza Canelo.

EXPERIMENT: José Luis Castillejo, Francisco Pino, Joan Brossa, Fernando Millán, Felipe Boso, J. C. Jiménez Aberásturi.

KiWi Paperbackreihe bei Kiepenheuer & Witsch

JOHN LE CARRÉ
EIN GUTER SOLDAT

Titel der Originalausgabe: *The Unbearable Peace*
Aus dem Englischen von Werner Schmitz

KiWi 247
Mit zahlreichen Abbildungen

Die Schweizer Presse nannte ihn den »Verräter des Jahrhunderts« und der Schweizer Bundespräsident verlangte noch während des Prozesses nach der »ganzen Härte des Gesetzes«. Jean-Louis Jeanmaire, Brigadier der Schweizer Armee, wurde 1976 wegen Landesverrats zu 18 Jahren Haft verurteilt.

John le Carré rollt in einer spannend zu lesenden Reportage eine ungewöhnliche Spionageaffäre in der Schweiz auf und stellt die Frage, ob der »Verräter des Jahrhunderts« nicht nur ein kleiner Spion war, der für einen großen Spion ins Gefängnis mußte.

KiWi Paperbackreihe bei Kiepenheuer & Witsch

Dorothea Tanning
Birthday
Lebenserinnerungen

Titel der Originalausgabe: *Birthday*
Aus dem Amerikanischen von Barbara Bortfeldt

KiWi 260

In ihren Erinnerungen schildert die Malerin Dorothea Tanning ihr Leben als Künstlerin und als Ehefrau von Max Ernst. Sie war 34 Jahre lang bis zu seinem Tod 1976 mit ihm zusammen.
Birthday wurde zu einem ungewöhnlichen Lebensbericht – dicht, farbenreich, von poetischer Kraft, ein surrealistisches Gemälde in literarischer Form.

KiWi Paperbackreihe bei Kiepenheuer & Witsch

Marek Hlasko
Der Nächste ins Paradies
Roman

Titel der Originalausgabe: *Nastepny do raju*
Aus dem Polnischen von Vera Cerny

KiWi 259

Der Nächste ins Paradies schildert in einer knappen, bildhaften Sprache das Leben in einem verlorenen polnischen Holzfällerlager. Der atmosphärisch dichte Roman des polnischen Schriftstellers Marek Hlasko ist spannend zu lesen, gibt ein überzeugendes Bild vom Leben unter einer Diktatur.

»Ein totes Genie kehrt in die Buchhandlungen zurück. Marek Hlasko. Hart, poetisch und voller Leben.«
Maxim Biller, Tempo

KiWi Paperbackreihe bei Kiepenheuer & Witsch